수 — 영원해!

Sue — Forevermore!

일러두기

- 에밀리 디킨슨의 시에는 원래 제목이 없어서 차례에는 시의 첫 행으로 제목을 대신했다.

- 한 페이지가 넘어가는 긴 시들의 페이지 분량과 위치는 하단 쪽수 위에 표시해두었다.

* 우리말 문법은 물론 영어의 일상 어법에서도 낯선 대시나 따옴표와 같은 문장 부호들도 가능한 한 모두 살렸다. 원문의 대문자 사용은 번역에 반영하지 않았다.

- 본문에는 번역과 함께 원문 시를 함께 실었다. 디킨슨의 필사 원고를 텍스트로 번역했기 때문에 20세기에 출간된 디킨슨 전집들에 기반한 다른 번역들과 시의 구성이나 내용이 다를 수 있다. 이 책에 실린 시의 원문 텍스트는 에밀리 디킨슨 아카이브에 올라와 있는 시인의 필사 원고를 읽으며 번역자가 기획하고 선택해 편집했다. 가능한 한 시인의 단어 선택, 시행 구분, 연 구조를 그대로 반영해 원문 텍스트를 구성했으며, 이를 바탕으로 번역했다.

온라인 자료
Emily Dickinson Archives (http://www.edickinson.org)
Wikisource (https://en.wikisource.org/wiki/Author:Emily_Dickinson)
Gutenberg Project (https://www.gutenberg.org/files/12242/12242-h/12242-h.htm)

수 — 영원해!

에밀리 디킨슨
박혜란 고르고 옮김

Sue — Forevermore!

Emily Dickinson

I chose this single star
From out the wide night's numbers —
Sue — forevermore!

광활한 밤 무수한 것들 가운데
나는 이 별 하나를 골랐다 —
수 — 영원해!

차례

서로는 서로에게 — 봉인된 교회 —
Each Was To Each — The Sealed Church —

당신과의 결혼을 받아들였으니	13
여름 가득한 — 어느 하루가 왔다 —	15
에센셜 오일을 쥐어 짜냈다 —	19
아이가 보여줄 수 있는 사랑은 — 낮은 것이라 —	21
오늘 아침 나와 함께 우리 마음속 교회로 오렴	23
손님이 있는 영혼은	25
구세주여! 내겐 달리 말할 상대가 없습니다 —	27
영혼은 언제나 조금 열려 있어야 한다	29

수 — 영원해!
Sue — Forevermore!

나는 종종 그 마을을 지나	33
천국이 각각에게 입혀준	35
자매 하나 우리 집에 있고 —	37
나만의 수잔을 갖는다는 건	41
내게 영원을 보여줘, 그러면 네게 추억을 보여줄게 —	43
그녀의 가슴에는 진주가 잘 어울리지만	45
방금 잃었어, 내가 구원받았을 때!	47
네가 먼저 맛을 본 다음에야, 수	49
서쪽에서 — 내 신분을 — 차지하기 위해 —	51
사랑하는 수, 정말이야?	53
수, 널 그리워하는 게 힘이야	55

써, 친구야, 쓰라고!
Write, Comrade, Write!

경이로운 이 바다 위를	61
수지, 힌트를 기억해!	63
모든 것을 놓친 덕분에 ―	65
감사는 ― 어떤 다정한	67
일단 들어가면 문을 닫아버리는 마음에 대해	69
설화석고실 안에서 안전하게	71

웅웅대던 벌 소리는 멈췄으나
The Murmuring Of Bees Has Ceased

한 칼의 파랑 ―	79
쥐는 가장 간결한 소작인	81
미래가 절대 말하지 않았고 ―	83
더 작은 크기를 제외하면	85
패배가 ― 승리를 버린다 ― 고 그들이 말한다	87
외로움이 또 있는데	89
어느 누구도 소유하지 않으려 한 광산이 있다	91
웅웅대던 벌 소리는 멈췄으나	93
봄이면 내게 새 한 마리가 있어	95
그 길은 골목을 거치고 ― 가시나무를 거쳐 ―	99
나의 바퀴가 어둠에 묻혀 있어	103
야망은 그를 찾을 수 없다!	105
모습에 서린 격통이 ―	107
진 적 없는 이들은 준비가 안 되어 있다	109
내 문제에 고개 숙이면 ―	111
파수꾼들이 동쪽을 배회하듯	113

나는 무릎 꿇고 있어 — 조용히 —
I'm Kneeling — Still —

거리距離는 — 여우의 영역도	117
절망과 공포	119
영혼은 스스로에게	121
아, 테너리프!	123
"자연"은 우리가 보는 것 —	125
돈 주고 산 어떤 로맨스로도	127
죽음을 성취한	129
꿀의 가치를 빚는 —	131
살아있는 건 — 힘 —	133
그러니 당신 안에 태양을 품으세요	135

그녀에겐 우아함이 전부인데
Her Grace Is All She Has

내가 그녀에게 언덕을 보여줬다	139
그녀에겐 우아함이 전부인데	141
우리는 지나가고 — 그녀는 — 머물고 —	143
아름다움의 정의는	145
귀뚜라미 노래하고	147
천국이 아니라면 — 그녀는 아무것도 아니다	151
여름이 다 지나 —	153

수잔의 숭배자가 수잔을 신전에 모십니다
Susan's Idolater Keeps a Shrine for Susan

수잔의 숭배자가	157
죽음의 서리가 유리창에 서렸다 ─	159
거미가 바느질했다	161
최고의 마녀 마법은	163
바람이 풀밭을 반죽하기 시작했다	165
의심할 것 없어	167
신용은	169
널 만나는 게	171
재빠르고 ─ 실행력 좋은 새가 어치야 ─	173
우리 자신의 소유물 ─	175

이런 아침이면 ─ 우린 헤어졌다
Morns Like These ─ We Parted

이런 아침이면 ─ 우린 헤어졌다	179
죽음의 일격이 ─ 어떤 이들에게는 ─ 인생의 일격이다 ─	181
두 길이에는 매일의 하루가 있다 ─	183
내 생각에 바람의 뿌리는 물이야	185
불쌍한 ─ 찢겨나간 마음 ─ 너덜너덜해진 마음	187
이웃과 태양을	189
내가 소망했을 때 나는 두려웠다 ─	191
죽음의 아주 예리한 기능은	193
추가 유언은 ─ 다	195

옮긴 후에	196
에밀리 디킨슨에 대한 몇 가지	208
시 원문 찾아보기	212

The Sealed Church –

Each Was To Each –

서로는 서로에게 —

— 웅얼거림 끝에

Given in Marriage unto Thee

Oh Thou Celestial Host —

Bride of the Father and the Son,

Bride of the Holy Ghost.

당신과의 결혼을 받아들였으니
오 그대 천상의 주인이여 ─
아버지와 아들의 신부여
성령의 신부여

There came a day — at Summer's full —

Entirely for me —

I thought that such were for the Saints —

Where Resurrections — be —

The Sun — as common — went abroad —

The Flowers — accustomed — blew —

As if no soul — that solstice passed —

Which maketh all things — new —

The time was scarce profaned — by speech —

The falling of a word

Was needless — as at Sacrament —

The Wardrobe — of Our Lord!

Each was to each — the sealed Church —

Permitted to commune — this time —

Lest we too awkward show —

At supper of "the Lamb."

The hours slid fast — as hours will —

Clutched tight — by greedy hands —

So — faces on two Decks — look back —

Bound to opposing — lands.

여름 가득한 ― 어느 하루가 왔다 ―
온전히 나를 위한 ―
그런 날 내 생각엔 성자들을 위한 ―
부활이 ― 있을 것이다 ―

태양은 ― 흔히 그렇듯 ― 훌쩍 넘어갔고 ―
꽃은 ― 익숙하게 ― 흩날리니 ―
어떤 영혼도 ― 저 하지를 지나지 못했다 ―
모든 것들이 ― 새로워지는 ―

말로는 좀처럼 불경해지지 않은 ― 그 시간 ―
한마디 말의 하강도
성례전에서처럼 ― 불필요했다 ―
우리 주님의 ― 의상!

서로는 서로에게 ― 봉인된 교회 ―
성찬의 나눔을 허락받았다 ― 이번에는 ―
"어린 양"의 저녁 식사에
우리가 너무 어색해 보이지 않도록 ―

시간은 빠르게 미끄러졌다 ― 시간은 늘 그랬다 ―
탐욕스러운 손으로 ― 단단히 붙잡고 ―
그래서 ― 두 갑판 위 얼굴들이 ― 돌아본다 ―
반대편 ― 땅에 묶인 채

And so when all the time had leaked —
Without external sound —
Each bound the other's Crucifix —
We gave no other Bond —

Sufficient Troth — that we shall rise —
Deposed — at length the Grave —
To that new — Marriage —
Justified — through Calvaries — of Love!

그리고 시간이 모두 새어 나갔을 때 —
바깥엔 아무 소리 없고 —
서로의 십자가에 묶였기에 —
우리는 어떤 다른 굴레도 주지 않았다 —

우리가 일어서리라는 — 충분한 서약은 —
마침내 무덤을 — 폐위시켰고 —
저 새로운 — 결혼으로 이어지리라 —
사랑의 — 갈보리를 통해 정당해졌다!

Essential Oils are wrung —
The Attar from the Rose
Is not expressed by Suns — alone —
It is the gift of Screws —
The General Rose decay —
While this — in Lady's Drawer
Make Summer, when the Lady lie
In Spiceless Sepulchre.

에센셜 오일을 쥐어 짜냈다 ―
장미의 화향유는
태양 ― 그것만으로는 표현되지 않는다 ―
그것은 착유의 선물 ―
대부분의 장미는 시들지만 ―
숙녀의 서랍 속 ― 이것이
여름을 만들자 숙녀는
향신료 없는 지하 무덤에 안치된다.

The Love a Child can show — below —
Is but a Filament — I know —
Of that Diviner — Thing —
That faints opon the face of Noon —
And smites the Tinder in the Sun —
And hinders — Gabriel's Wing!

'Tis This — in Music — hints — and sways —
And far abroad — on Summer Days —
Distills — uncertain — pain —
This — afflicts us in the East —
And tints the Transit in the West —
With Harrowing — Iodine!

This — invites — appalls — endows —
Flits — glimmers — proves — dissolves —
Returns — suggests — convicts — enchants —
Then — flings in Paradise!

아이가 보여줄 수 있는 사랑은 — 낮은 것이라 —
필라멘트에 불과하다 — 내가 아는 —
더 신성한 — 그것이 —
정오의 얼굴 위로 희미하게 깜빡이며 —
태양에 불쏘시개를 때려대고 —
가브리엘의 날개를 방해한다!

음악에 있는 이것은 — 암시하며 — 꿈틀댄다 —
그리고 여름날 — 먼 타지에서 —
불확실한 — 고통을 — 증류한다 —
이것이 — 동쪽에서 우리를 괴롭히고 —
서쪽 통행을 채색한다 —
가슴을 후벼 파는 — 이오다인으로!

이것은 — 초대 — 소름끼침 — 증여 —
휘리릭 — 명멸 — 증명 — 용해 —
귀환 — 제안 — 선고 — 주술 —
그러고는 — 낙원에서 파다닥!

Come with me this morning to the church within our hearts, where the bells are always ringing, and the preacher whose name is Love — shall intercede for us!

오늘 아침 나와 함께 우리 마음속 교회로 오렴. 언제나 종이 울리고 사랑이라는 이름의 목사가 ― 우리 사이를 중재하는 곳으로!

The Soul that hath a Guest
Doth seldom go abroad —
Diviner Crowd at Home —
Obliterate the need —

And Courtesy forbid
A Host's departure when
Opon Himself be visiting
The Emperor of Men —

손님이 있는 영혼은
좀처럼 외출하지 않는다 ―
더 신성한 군중이 집에 머물기 때문에 ―
그럴 필요가 소거된 것이다 ―

공손함으로 금지했으니
집주인은 떠나지 못한다
사람들의 황제가
그를 방문 중이라서 ―

Savior! I've no one else to tell —
And so I trouble thee.
I am the one forgot thee so —
Dost thou remember me?
Nor, for myself, I came so far —
That were the little load —
I brought thee the imperial Heart
I had not strength to hold —
The Heart I carried in my own —
Till mine too heavy grew —
Yet — strangest — heavier since it went —
Is it too large for you?

구세주여! 내겐 달리 말할 상대가 없습니다 ―
그래서 내가 당신에게 폐를 끼치네요.
내가 바로 당신을 잊은 이입니다 ―
당신은 나를 기억하나요?
아니면, 난 스스로 너무 멀리 왔어요 ―
그게 작은 짐이었는데 ―
내가 당신에게 황실의 심장을 가져왔어요
내겐 들고 있을 힘이 없어요 ―
내가 직접 운반한 그 심장 ―
내 것이 너무 무거워졌어요 ―
그런데도 ― 정말 이상한 건 ― 그것이 더 무거워진 거죠
당신에게 너무 큰가요?

The Soul should always stand ajar
That if the Heaven inquire
He will not be obliged to wait
Or shy of troubling Her

Depart, before the Host have slid
The Bolt unto the Door
To search for the accomplished Guest,
Her Visitor, no more —

영혼은 언제나 조금 열려 있어야 한다
그래야 만일 천국이 심문한다면
그가 기다리지 않아도 될 것이며
그녀에게 폐가 된다며 수줍어하지도 않을 것이다

떠나라, 집주인이
성공한 손님을 찾으려
빗장을 밀어 문에 걸어버리기 전
더는 없는, 그녀의 방문객 —

Sue – Forevermore!

응 원 해.
ㅡ 수

I often passed the Village
When going home from school —
And wondered what they did there —
And why it was so still —

I did not know the year then,
In which my call would come —
Earlier, by the Dial,
Than the rest have gone.

It's stiller than the sundown.
It's cooler than the dawn —
The Daisies dare to come here —
And birds can flutter down —

So when you are tired —
Or — perplexed — or cold —
Trust the loving promise
Underneath the mould,
Cry "it's I," "take Dollie,"
And I will enfold!

나는 종종 그 마을을 지나
학교에서 집으로 돌아왔는데 ―
사람들은 거기서 뭘 할까 궁금했어 ―
왜 그렇게 조용했을까 ―

그때는 그해를 알지 못했지
나의 부름이 올 때였는데 ―
해시계로는 훨씬 일찍이었어
다른 이들이 간 건 나중이었지

해 질 녘보다 고요하고
새벽보다 선선해 ―
데이지가 감히 이리 오고 ―
새들도 펄럭이며 내려오겠지 ―

그래서 네가 지치거나 ―
당황하거나 ― 추울 때 ―
틀로 누른
그 사랑스런 약속을 신뢰하렴
"나야, 돌리♦를 잡아" 하고 소리치면
내가 포위할게!

♦ 돌리Dolie는 수잔의 별칭이다.

The Heaven vests for Each

In that small Deity

It craved the grace to worship

Some bashful Summer's Day —

Half shrinking from the Glory

It importuned to see

Till these faint Tabernacles drop

In full Eternity —

How imminent the Venture —

As One should sue a Star —

For His mean sake to leave the Row

And entertain Despair —

A Clemency so common —

We almost cease to fear —

Enabling the minutest —

And furthest — to adore —

천국이 각각에게 입혀준
저 작은 신성
경배의 은총을 열망했다
어느 수줍은 여름날 —

영광이 쪼그라들어 반토막 났는데도
그것은 보겠다고 안달이었다
이 희미한 장막이 드리워질 때까지
영원무궁토록 —

모험은 바로 임박한 걸까 —
대오를 떠나 절망을 즐기겠다는
그의 비열한 목적에서 —
별 하나를 고소해야 하니까 —

아주 평범한 관용을 —
웬만하면 두려워하지 않기로 했다 —
그로 인해 가장 미세한 것과 —
가장 먼 것을 — 사랑할 수 있기에 —

One Sister have I in our house —
And one a hedge away.
There's only one recorded,
But both belong to me.

One came the way that I came —
And wore my past year's gown —
The other as a bird her nest,
Builded our hearts among.

She did not sing as we did —
It was a different tune —
Herself to her a Music
As Bumble—bee of June.

Today is far from Childhood —
But up and down the hills
I held her hand the tighter —
Which shortened all the miles —

And still her hum
The years among,
Deceives the Butterfly;
Still in her Eye

자매 하나 우리 집에 있고 ㅡ
울타리 너머에 한 명 더 있다
기록된 이는 한 명뿐이지만
둘 모두 내게 속한다

하나는 내가 왔던 길로 와 ㅡ
내가 작년에 입던 드레스를 입고 있었다 ㅡ
다른 하나는 새처럼 그녀의 둥지를
틀어 우리 마음을 품었다

그녀는 우리처럼 노래하지 않았다 ㅡ
곡조도 달랐고 ㅡ
유월의 호박벌처럼
스스로에게 선사하는 음악이었다

오늘은 결코 유년이 아니지만 ㅡ
언덕을 오르내리며
그녀의 손을 꼭 잡고 있으면 ㅡ
아무리 먼 길도 잠깐이었다 ㅡ

그녀의 허밍은
몇 해가 지났지만
여전히 나비를 속인다
여전히 그녀의 눈엔

The Violets lie

Mouldered this many May.

I spilt the dew —

But took the morn, —

I chose this single star

From out the wide night's numbers —

Sue — forevermore!

바이올렛이 담겨 있고
수많은 오월은 이렇게 스러져갔다

나는 이슬을 흘렸지만 —
아침을 맞았다 —
광활한 밤 무수한 것들 가운데
나는 이 별 하나를 골랐다 —
수 — 영원해!

To own a Susan of my own

Is of itself a Bliss —

Whatever Realm I forfeit, Lord,

Continue me in this!

나만의 수잔을 갖는다는 건
그 자체로 축복 —
어떤 영토를 내가 빼앗겼든, 주여,
내가 이 안에 계속 있게 하소서!

Show me Eternity, and I will show you Memory —

Both in one package lain

And lifted back again —

Be Sue, while I am Emily —

Be next, what you have ever been, Infinity —

내게 영원을 보여줘, 그러면 네게 추억을 보여줄게 —
둘 모두 가방 속에 놓였다가 —
다시 들어 올려진다 —
수이길, 내가 에밀리인 동안에는 —
다음에는, 지금까지 너였던 것, 무한하길 —

Her breast is fit for pearls,

But I was not a 'Diver' —

Her brow is fit for thrones

But I have not a crest.

Her heart is fit for home —

I — a Sparrow — build there

Sweet of twigs and twine

My perennial nest.

그녀의 가슴에는 진주가 잘 어울리지만

나는 '잠수부'가 아니야 —

그녀의 이마는 왕좌에 잘 어울리지만

내겐 왕상의 장식이 없어

그녀의 마음에는 집이 잘 어울려

나는 — 참새여서 — 거기에

달콤한 잔가지와 덩굴로

나의 영원한 둥지를 짓는다

Just lost, when I was saved!
Just felt the world go by!
Just girt me for the onset with Eternity,
When breath blew back,
And on the other side I heard recede the disappointed tide!

Therefore, as One returned, I feel,
Odd secrets of the line to tell!
Some Sailor, skirting foreign shores —
Some pale Reporter, from the awful doors
Before the Seal!

Next time, to stay!
Next time, the things to see
By ear unheard —
Unscrutinized by eye —
Next time, to tarry,
While the Ages steal —
Slow tramp the Centuries,
And the Cycles wheel!

방금 잃었어, 내가 구원받았을 때!
방금 세상이 지나간 기분이야!
시작을 위해 영원을 그냥 내 허리에 둘러줘
숨을 들이쉴 때
반대편에서는 실망한 조수가 물러가는 소리가 들렸다!

그리하여, 돌아온 이로서, 난 느껴져
들려줄 그 문장의 기이한 비밀!
낯선 해안을 배회하는 어떤 선원 —
봉인을 앞둔 끔찍한 문 앞의
어떤 창백한 기자!

다음번엔, 머물도록!
다음번엔, 볼 수 있는 것으로
귀에는 안 들리더라도 —
눈으로는 살펴볼 수 없더라도 —
다음번엔, 늑장 부리도록
세월이 훔쳐 가는 동안 —
느린 떠돌이는 수백 년을,
그리고 순환은 바퀴를!

I could not drink it, Sue,

Till you had tasted first —

Though cooler than the Water — was

The Thoughtfulness of Thirst —

네가 먼저 맛을 본 다음에야, 수,
난 비로소 그것을 마실 수 있었어 ―
물보다 시원했던 건 ―
갈증이라는 사려 깊음이었다 해도 ―

Sue,

The face I carry with me — last —
When I go out of Time —
To take my Rank — by — in the West —
That face — will just be thine —

I'll hand it to the Angel —
That — Sir — was my Degree —
In Kingdoms — you have heard the Raised —
Refer to — possibly.

He'll take it — scan it — step aside —
Return — with such a crown
As Gabriel — never capered at —
And beg me put it on —

And then — he'll turn me round and round —
To an admiring sky —
As One that bore her Master's name —
Sufficient Royalty!

수♦,

서쪽에서 ─ 내 신분을 ─ 차지하기 위해 ─
내 시간이 다했을 때 ─
내가 마지막으로 지닐 ─ 얼굴 ─
그 얼굴은 ─ 바로 당신의 얼굴일 겁니다 ─

나는 이것을 천사에게 건네겠습니다 ─
그것이 ─ 써Sir ─ 나의 지위였으니까요 ─
왕국에서 ─ 올림 받은 이들이 하는 말을 ─
당신도 들으셨지요 ─ 그랬을 거예요.

그는 그것을 가져가 ─ 살펴보고 ─ 물러났다가 ─
그런 왕관을 갖고 ─ 돌아올 것입니다
가브리엘은 ─ 절대 내게 장난치지 않고 ─
왕관을 써달라며 내게 간청했으니까요 ─

그러고 나서 ─ 그는 나를 돌리고 돌려 ─
동경의 하늘로 보내겠지요 ─
그녀 주인의 이름을 품으신 분으로서 ─
왕족으로 충분합니다!

♦ 파시클에 있는 원고인데, 페이지 왼쪽에 쓰인 수잔의 애칭인 '수'를 누군가가 지웠다. 수신인은 수(수잔)이지만, 시는 남성 상대를 정중히 Sir라 부르며 궁정의 예를 다하고 있다.

Is it true, dear Sue?

Are there two?

I should'nt like to come

For fear of joggling Him!

If you could shut him up

In a Coffee Cup,

Or tie him to a pin

Till I got in —

Or make him fast

To "Toby's" fist —

Hist! Whist! I'd come!

사랑하는 수, 정말이야?
둘이 있어?
그리로 가고 싶지 않아
그를 흔들어대면 어떡해!
네가 그를 커피 잔에 넣어
가둬둘 수 있으면,
아니면 내가 들어갈 때까지
그를 핀에 묶어둘 수 있으면 —
아니면 그를 빠르게 보내
토비♦ 주먹으로 —
쉿! 쉬! 나 왔어!

♦ 토비Toby는 디킨슨 가족과 함께 지냈던 반려 고양이다.

To miss you, Sue, is power. The stimulus of Loss makes most Possession mean. To live lasts always, but to love is firmer than to live. No Heart that broke but further went than Immortality.

The Trees keep House for you all Day and the Grass looks chastened. A silent Hen frequents the place with superstitious Chickens — and still Forenoons a Rooster knocks at your outer Door. To look that way is Romance.

The Novel "out," pathetic worth attaches to the Shelf. Nothing has gone but Summer, or no one that you knew. The Forests are at Home — the Mountains intimate at Night and arrogant at Noon, and lonesome Fluency abroad, like suspending Music. Of so divine a Loss We enter but the Gain, Indemnity for Loneliness That such a Bliss has been. Tell Neddie that we miss him and cherish "Captain Jinks." Tell Mattie that "Tim's Dog calls Vinnie's Pussy names and I don't discourage him. She must come Home and chase them both and that will make it square. For Big Mattie and John, of course a strong remembrance. I trust that you are warm. I keep your

수, 널 그리워하는 게 힘이야. 상실에 자극받은 탓에 가진 게 있어도 대부분 하찮다. 삶은 언제나 지속되지만 사랑은 삶보다 단단하다. 상처받은 마음은 오직 불멸을 넘어 계속 나아갈 뿐이야.

나무들이 온종일 널 위해 집을 지키고 풀들은 한풀 꺾인 듯하다. 조용한 암탉 하나가 미신에 잘 속는 병아리들과 그 자리에 자주 나타나고 — 수탉 하나가 네 바깥문을 두드려. 바라보는 자체가 로맨스야.♦

그 소설은 "관뒀어", 아주 슬퍼서 선반 위에 두었어. 가버린 건 여름뿐이고 네가 아는 모든 것들이 그대로야. 숲은 집처럼 편해 — 산은 밤에 친근하고 정오에는 도도해. 그리고 음악을 중단한 듯 밖으로는 외로운 유창함이 있어. 상실은 이토록 신성해서 우리가 얻는 유일한 소득이기도 해. 이런 한때의 기쁨이 외로움의 보상인 셈이지. 네디에게 우리가 보고 싶어 한다고, "징크스♦♦ 선장"은 소중하다고 전해줘. 마티에게는 팀네 개가 비니의 고양이 이름을 부르고 난 그를 기죽이지 않는다고 전해주고. 비니가 집에 오면 둘 모두를 공평하게 찾아다닐 거야. 당연히 큰 애기 마티와 존에게도 안부 전해줘. 네가 따뜻이 지내리라 믿는다. 난 네 충실한 자리를 지키고 있을게.

무슨 일이 닥쳐도 너의 다이아몬드 문에 채운 자물쇠는

faithful place.

Whatever throng the Lock is firm upon your Diamond Door.

Emily.

단단할 거야.

에밀리

♦ 아마도 디킨슨이 이 편지에서 말한 로맨스는 문학 장르로서의 로맨스를 가리키는 듯하다. 로맨스는 19세기 영어권 문학의 대표적인 장르였던 소설과 대비되는 중세 이래 이어져온 서사(narrative) 문학으로, 소설이 세상의 리얼리티 재현에 집중한다면 로맨스는 과거와 현재, 리얼리티와 판타지의 경계를 넘나든다.

♦♦ 징크스 선장Captain Jinks은 당시 유행하던 음악에 나오는 기마 해병대 대장으로 에밀리 디킨슨이 조카 네드에게 붙여준 별명이라고 한다. 이 편지가 쓰인 1871년 조카 네드는 열 살, 마티는 다섯 살이었고 수잔과 함께 수잔의 친척이 있는 뉴욕 제네바에 방문했다.

Write, Comrade, Write!

써, 친구야, 쓰라고!

Write, Comrade, write!

On this wondrous sea

Sailing silently,

Ho! Pilot, ho!

Knowest thou the shore

Where no breakers roar —

Where the storm is oer?

In the peaceful west

Many the sails at rest —

The anchors fast —

Thither I pilot thee

Land Ho! Eternity!

Ashore at last!

Emilie

써, 친구야, 쓰라고!♦

경이로운 이 바다 위를
고요히 항해 중입니다
어이! 키잡이 양반, 어이!
이 해안을 당신은 아나요?
포효하며 부서지는 파도도 없고 —
평화로운 서편엔
많은 돛이 쉬고 —
닻은 단단한 곳 —
그곳으로 나는 당신을 조종합니다
육지다 어이! 영원이야!
드디어 해안에 닿았어요!

에밀리

♦ 이 시는 에밀리 디킨슨이 수잔 길버트에게 보낸 첫 시라고 알려져 있는데, 시를 보낸 종이 맨 위에 "써, 친구야, 쓰라고!Write, Comrade, write!"라고 쓰여 있다. 시의 일부라 보긴 어렵지만 시와 함께 옮겼다.

Remember the hint, Susie!

수지, 힌트를 기억해!♦

♦ 1854년 1월 15일, 친척집에 간 수잔에게 보낸 디킨슨 편지에서

The missing all — prevented me

From missing minor things —

If nothing larger than a world's

Departure from a Hinge,

Or Sun's extinction — be observed —

'Twas not so large that I

Could lift my Forehead from my work

For Curiosity —

Emily

모든 것을 놓친 덕분에 ―
사소한 것들을 놓치지 않았어 ―
어느 경첩에서 시작된 세상의 출발보다
혹은 태양의 소멸보다
대단한 일이 ― 관찰되지 않는 한 ―
호기심 때문에
할 일을 멈추고 고개를 들 만큼
대단한 일은 아니었어 ―

에밀리

Gratitude — is not the mention
Of a Tenderness,
But it's still appreciation
Out of Plumb of Speech —

감사는 ― 어떤 다정한
언급이 아니라
말의 측연(測鉛)♦에서 비롯된
조용한 감사 표시다 ―

♦ 측연測鉛plumb은 굵은 줄 끝에 매달아 바다의 깊이를 재는 납덩이다.

Of the Heart that goes in, and closes the Door

Shall the Playfellow Heart complain

Though the Ring is unwhole, and the Company broke

Can never be fitted again?

일단 들어가면 문을 닫아버리는 마음에 대해
소꿉친구 마음이 불평해볼까?
반지가 둥글지 않고, 관계는 깨졌다 해도
정말 다시는 맞출 수 없는 걸까?

Safe in their Alabaster Chambers,

Untouched by morning —

And untouched by noon —

Lie the meek members of the Resurrection —

Rafter of satin — and Roof of stone —

Light laughs the breeze

In her Castle above them —

Babbles the Bee in a stolid Ear,

Pipe the Sweet Birds in ignorant cadence —

Ah, what sagacity perished here! ♦

♦ 이 시는 『더 스프링필드 리퍼블리칸the Springfield Republican』에 「잠The Sleeping」이란 제목으로 실리기도 했다. 이 시는 세 가지 버전이 남아 있는데 아마도 이 버전이 첫 번째인 것 같다.

설화석고실 안에서 안전하게
아침이 닿지 않고 ―
정오도 닿지 않는 곳에 ―
부활의 ― 유순한 구성원들이 누워 있다
새틴 서까래 ― 석제 지붕 ―

살포시 웃는 미풍이
그들 위 그녀의 성에 머물고 ―
벌은 둔한 귀에 대고 재잘대고
달콤한 새들은 무지한 운율로 지저귄다―
아, 어떤 현명함이 여기에서 소멸됐을까!

Safe in their Alabaster Chambers,

Untouched by morning —

And untouched by noon —

Lie the meek members of the Resurrection —

Rafter of satin — and Roof of stone —

Grand go the Years — in the Crescent — above them —

Worlds scoop their Arcs —

And Firmaments — row —

Diadems — drop — and Doges — surrender —

Soundless as dots — on a Disc of snow —

Perhaps this verse would please you better — Sue —♦

Emily

♦ 이 시는 바로 앞 시의 수정된 버전인데, 디킨슨은 이 버전을 자신의 파시클에 싣고 수잔에게 보냈다. 아마 첫 버전에 대한 수잔과의 대화 이후 두 번째 연을 바꾼 듯하다.

설화석고실 안에서 안전하게
아침이 닿지 않고 —
정오도 닿지 않는 곳에 —
부활의 — 유순한 구성원들이 누워 있다
새틴 서까래 — 석제 지붕 —

그들 위에 뜬 — 초승달 속에서 — 세월은 장엄하게 지나고 —
세상은 그들의 호를 떠내며 —
창공은 열을 맞추고 —
왕관들이 떨어지고 — 총독들이 항복한다 —
눈의 원반 위 — 점처럼 소리 없이 —

아마 이 연이 더 네 마음에 들거야 — 수 —

에밀리

Safe in their Alabaster Chambers,

Untouched by morning —

And untouched by noon —

Lie the meek members of the Resurrection —

Rafter of satin — and Roof of stone —

Springs — shake the Sills —

But — the Echoes — stiffen —

Hoar — is the Window — and numb — the Door —

Tribes of Eclipse — in Tents of Marble —

Staples of Ages — have buckled — there —♦

♦ 두 번째 연을 한 번 변형한 뒤에도 디킨슨은 수잔의 의견을 물어 또 다시 두 번째 연을 바꿔 보냈다. 그러면서 이번 시가 더 오싹한지 물었다. 이렇게 하나의 시를 변주해 세 개의 버전이 된 시를 모두 실어보았다.

설화석고실 안에서 안전하게
아침이 닿지 않고 —
정오도 닿지 않는 곳에 —
부활의 — 유순한 구성원들이 누워 있다
새틴 서까래 — 석제 지붕 —

봄이 — 문지방을 흔든다 —
하지만 — 메아리는 — 뻣뻣하고 —
서리 앉은 — 창문 — 그리고 마비된 — 문 —
일식의 부족들은 — 대리석 텐트에서 —
거기에서 — 시대의 꺽쇠는 — 채워졌다

The Murmuring Of Bees Has Ceased

웅웅대던 벌 소리는 멈췄으나

A slash of Blue —

A sweep of Gray —

Some scarlet patches

on the way —

Compose an evening sky —

A little purple — slipped

between —

Some Ruby Trowsers

hurried on —

A Wave of Gold —

A Bank of Day —

This just makes out

the Morning Sky —

한 칼의 파랑 —
한 낮의 회색 —
진홍 조각 몇 개는
진행 중 —
저녁 하늘을 꾸린다—
약간의 보라가 — 그 사이로
미끄러졌다 —
루비 바지 몇 벌을
서둘러 입는다 —
금물결 하나 —
낮의 강둑 —
이것이 방금 만들어내는
아침 하늘 —

The rat is the concisest tenant

He pays no rent

Repudiates the obligation

On schemes intent —

Balking our wit

To sound or circumvent —

Hate cannot harm

A Foe so reticent —

Neither Decree prohibit him —

Lawful as Equilibrium.

쥐는 가장 간결한 소작인
집세를 내지 않고
의도된 계획에 따른
의무를 거부한다 ―
우리의 재치를 발휘하지 못하게 하며
소리 내거나 우회한다 ―
적이 이토록 과묵하니
증오는 해가 되지 못하고 ―
어떤 법령으로도 그를 금지할 수 없다 ―
평정의 적법함이다.

The Future never spoke —
Nor will he like the Dumb
Reveal by sign a Syllable
Of his profound To Come —

But when the News be ripe
Presents it in the Act —
Forestalling Preparation —
Escape — or Substitute —

Indifferent to him
The Dower — as the Doom —
His Office but to execute
Fate's Telegram — to Him —

미래가 절대 말하지 않았고 —
앞으로도 농인인 양
한 음절도 신호로 드러내지 않을
다가올 그의 심오 —

하지만 소식이 무르익을 즈음
법령으로 그것을 제시한다 —
선수 친 준비 —
도피 — 아니면 대체 —

그에겐 무관심하나
미망인의 유산은 — 파국 —
그의 업무는 그저
그에게 보내는 — 운명의 전보 —

Except the smaller size
No Lives are Round —
These — hurry to a Sphere —
And show — and end —

The Larger — slower grow —
And later hang —
The Summers of Hesperides
Are long —

더 작은 크기를 제외하면
어떤 생명도 둥글지 않아 —
이들은 — 어느 구체로 달려가 —
보여주고 — 끝낸다 —

더 크고 — 더 천천히 자랄수록 —
더 나중에 달린다 —
헤스페리데스♦의 여름은
길다 —

♦ 그리스 신화의 헤스페리데스Hesperides는 세계의 서쪽 끝 정원을 돌보는 님프들로, 불멸을 가져다주는 황금 사과나무 숲이 있는 헤라의 과수원을 지킨다.

Defeat — whets Victory — they say —

The Reefs — in old Gethsemane —

Endear the Coast — beyond!

'Tis Beggars — Banquets — can define —

'Tis parching — vitalizes wine —

"Faith" bleats — to understand!

패배가 ― 승리를 버린다 ― 고 그들이 말한다 ―
암초가 있는 ― 옛 겟세마네 ―
저 너머 ― 해안을 소중히 여기라!
구걸꾼이어야 ― 연회를 ― 정의할 수 있다 ―
갈증에 ― 생기 돋는 와인 ―
이해하겠다며 ― "믿음"이 징징댄다!

There is another Loneliness

That many die without,

Not want of friend occasions it,

Or circumstance of lot.

But nature sometimes, sometimes thought,

And whoso it befall

Is richer than could be divulged

By mortal numeral.

외로움이 또 있는데
많은 이들이 겪어보지 못하고 죽는 그런 거
친구가 없다고 일어나는 것도 아니고
제비뽑기로 되는 것도 아니지

하지만 자연은 가끔, 가끔 생각했어
그것이 누구에게 일어나든
필멸의 숫자가
누설할 수 있는 것보다 더 풍성하다고

A Mine there is no Man would own

But must it be conferred,

Demeaning by exclusive wealth

A Universe beside —

Potosi never to be spent

But hoarded in the mind

What Misers wring their hands tonight

For Indies in the Ground!

어느 누구도 소유하지 않으려 한 광산이 있다
하지만 꼭 부여받아야 한다
독점적 부로 인해 품위가 손상되겠지만
그 옆엔 우주 —

절대로 소진되지 않을
하지만 마음속 보고寶庫 포토시♦
수전노들이 오늘 밤 자기 손을 쥐어짜내는 것
땅속 인도를 위해!

♦ 포토시Potosi는 볼리비아 도시로, 한때 세계 은 생산의 절반을 차지했던 은광산 지역이다.

The murmuring of Bees, has ceased
But murmuring of some
Posterior, prophetic,
Has simultaneous come.
The lower metres of the Year
When Nature's laugh is done
The Revelations of the Book
Whose Genesis was June.

Appropriate Creatures to her change
The Typic Mother sends
As Accent fades to interval
With separating Friends
Till what we speculate, has been
And thoughts we will not show
More intimate with us become
Than Persons, that we know.

웅웅대던 벌 소리는 멈췄으나
동시에 왔던
이후의 예언적인
어떤 것들의 웅웅 소리
자연의 웃음이 끝난
그해의 낮은 음보
유월이었던 창세의
책의 계시

그녀의 변화에 적절한 피조물들을
전형적인 어머니가 보낸 때
억양은 시들어 친구들을
떼놓는 간격이 되고
이윽고 우리는 생각에 잠긴다 그때는
우리가 보여주지 않을 생각이
우리가 알고 지내는 사람들보다
우리와 더 친밀하게 될 것이다

I have a Bird in spring

Which for myself doth sing —

The spring decoys.

And as the summer nears —

And as the Rose appears,

Robin is gone.

Yet do I not repine

Knowing that Bird of mine

Though flown —

Learneth beyond the sea

Melody new for me

And will return.

Fast in a safer hand

Held in a truer Land

Are mine —

And though they now depart,

Tell I my doubting heart

They're thine.

봄이면 내게 새 한 마리가 있어
날 위해 노래하는데 ─
봄이 반해버렸다
그리고 여름이 가까워지고 ─
장미가 나타나면
로빈은 가버린다

그런데도 나는 열망하지 않는다
그런다 해도 나의 새는
날아가버릴 것임을 아니까 ─
내게 새로운 멜로디를
바다 너머에서 배우고
다시 돌아올 것이다

더 안전한 손 안에서 빠르게
더 진실한 땅에 머무는
나의 것 ─
그리고 이들이 지금 출발한다 해도
나의 의심 많은 마음에게 내가 말한다
이들은 당신 거라고

In a serener Bright,

In a more golden light

I see

Each little doubt and fear,

Each little discord here

Removed.

Then will I not repine,

Knowing that Bird of mine

Though flown

Shall in a distant tree

Bright melody for me

Return.

더 청명한 찬란 속에서
더 눈부신 황금빛 속에서
나는 안다
각각의 작은 의심과 공포는
각각의 불협화음은 여기에서
제거된다

그러면 나는 열망하지 않을 것이다
그런다 해도 나의 새는
날아가 버릴 것임을 아니까
먼 나무 속에서
내겐 찬란한 멜로디가
돌아올 것이다

Thro' lane it lay — thro' bramble —
Thro' clearing, and thro' wood —
Banditti often passed us
Opon the lonely road —

The wolf came peering curious —
The Owl looked puzzled down —
The Serpent's satin figure
Glid stealthily along —

The tempests touched our garments —
The Lightning's poinards gleamed —
Fierce from the crag above us
The hungry vulture screamed —

The satyr's fingers beckoned —
The Valley murmured "Come" —
These were the mates —
This was the road
These Children fluttered home.

Emily

그 길은 골목을 거치고 ─ 가시나무를 거쳐 ─
개간지와 숲속을 통과했다 ─
산도둑이 종종 우리를 지나쳤다
외진 길에서 ─

늑대가 궁금한 눈으로 엿보며 왔다 ─
올빼미는 어리둥절한 눈으로 내려다봤다 ─
뱀은 비단 모습으로
슬그머니 미끄러지듯 따라왔다 ─

폭풍우가 우리의 외투를 건드렸다 ─
번개는 빠냐르◆를 번뜩였다 ─
우리 바로 위 바위산에서 맹렬했다
굶주린 독수리가 비명을 질렀다 ─

사티로스◆◆의 손가락이 손짓했다 ─
계곡이 속삭였다 "이리 와" ─
이들이 동료였다 ─
이곳은 길이었다
이 아이들은 날갯짓하며 귀가했다

에밀리

♦ 빠나르드poinard는 중세와 르네상스 시기 유럽 기사계급이나 귀족이 쓰는 길고 가벼운 양날 쇠검으로 끝이 날카롭고 뾰족하다.

♦♦ 사티로스satyr는 그리스 신화에서 술의 신 바쿠스를 섬기는 반인반수의 숲의 신이다.

My Wheel is in the dark.

I cannot see a spoke —

Yet know it's dripping feet

Go round and round.

My foot is on the tide —

An unfrequented road

Yet have all roads

A "Clearing" at the end.

Some have resigned the Loom —

Some — in the busy tomb

Find quaint employ.

Some with new — stately feet

Pass royal thro' the gate

Flinging the problem back, at you and I.

나의 바퀴가 어둠에 묻혀 있어
바큇살이 보이지 않는다 —
그런데도 물이 떨어지는 그것의 발이
빙글빙글 도는 걸 나는 알고 있다

내 발은 조류를 타고 —
사람들이 잘 찾지 않는 길 하나
하지만 모든 길
끝에는 "공터"가 있기 마련이다

어떤 이는 직조기를 사양했고 —
어떤 이는 — 분주한 무덤 속에서
기이한 일자리를 찾는다
어떤 이는 새 발로 — 위풍당당하게
정문을 통과하여 왕실을 지나며
너와 나에게 그 문제를 되던진다

Ambition cannot find him!

Affection does'nt know

How many leagues of Nowhere

Lie between them now!

  Yesterday, undistinguished!

    Eminent Today

      For our mutual honor,

        Immortality!

야망은 그를 찾을 수 없다!
지금 그들 사이에
미지의 영역이 얼마나 많은지
애정은 알지 못한다!
어제, 분간 못 했어!
  우리 서로의 명예를 위해
    뚜렷한 오늘은
      불멸!

A throe opon the features —

A hurry in the breath —

An ~~extacy~~ extasy of parting

Denominated Death —

An Anguish at the mention

Which to patience grown,

I've known permission given

To rejoin it's own —

모습에 서린 격통이 ―

호흡에 담긴 서두름이 ―

이별의 황홀이

죽음을 명명했다 ―

인내로 성장한

그 언급으로부터의 고뇌

그 자체와 다시 함께할

허가가 났음을 나는 알았다 ―

Who never lost, are unprepared

A Coronet to find!

Who never thirsted

Flagons, and Cooling Tamarind!

Who never climbed the weary league —

Can such a foot explore

The purple territories

On Pizarro's shore?

How many Legions overcome —

The Emperor will say?

How many Colors taken

On Revolution Day?

How many Bullets bearest?

Hast Thou the Royal scar?

Angels! Write "Promoted"

On this Soldier's brow!

진 적 없는 이들은 준비가 안 되어 있다

코로넷을 찾아야 하는데!

목마른 적 없는 이들은

물병을, 그리고 시원하게 해줄 타마린드◆를!

저 피곤한 리그◆◆를 전혀 오른 적 없는 이들이

이런 피트를 탐험할 수 있을까

피사로◆◆◆의 해안

보랏빛 영토를?

얼마나 많은 군단을 극복했냐고

황제께서 말씀하실까?

혁명일에

깃발을 몇 개나 쟁취했는지?

탄환은 얼마나 소지했는지?

그리고 당신에게 왕족의 흉터가 있는지?

천사들이여! '승진'이라 쓰시오

이 병사의 이마에!

◆ 타마린드Tamarind는 아프리카와 중남미의 스페인어권 지역과, 서아시아 아랍 지역에서 자라는 열대 과일로 새콤달콤한 맛이 있어 소스나 드레싱, 샤벳 음료 재료로 쓰인다.

◆◆ 리그league는 3마일, 피트feet(foot는 1피트)는 30.48cm다.

◆◆◆ 잉카 제국을 정복한 16세기 스페인의 정복자 프란시스코 피사로 곤살레스Francisco Pizarro Gonzalez를 말하는 것 같다.

Low at my problem bending —
Another problem comes —
Larger than mine — Serener —
Involving statelier sums —
I check my busy pencil —
My Ciphers steal away —
Wherefore my baffled fingers
Thine extremity?

내 문제에 고개 숙이면 —
또 다른 문제가 찾아온다 —
내 것보다 크고 — 고요하다 —
더 높은 합계를 포함시켜 —
내 바쁜 연필이 확인하다 —
내 암호들이 슬며시 가버려 —
무슨 이유에서 내 당황한 손가락이
당신의 사지에?

As watchers hang opon the East,

As Beggars revel at a feast

By savory Fancy spread —

As brooks in deserts babble sweet

On ear too far for the delight —

Heaven beguiles the tired.

As that same watcher, when the East

Opens the lid of Amethyst

And lets the morning go —

That Beggar, when an honored Guest,

Those thirsty lips to flagons pressed,

Heaven to us, if true.

파수꾼들이 동쪽을 배회하듯,
맛난 환상을 펼치며
구걸꾼들이 잔치에서 먹고 떠들듯 ―
즐거움과는 거리가 너무 먼 귀에 대고
사막의 시내가 향긋하게 조잘대듯 ―
천국은 지친 이들을 속인다

동쪽이 자수정의 뚜껑을 열어
아침이 가게 놔둘 때
저 같은 파수꾼이 그렇듯 ―
귀빈이 저 목마른 입술을 포도주 병에
꾹 누를 때 저 구걸꾼이 그렇듯
사실이라면, 천국은 우리들에게

I'm kneeling – still –

나는 무릎 꿇고 있어 —

— 전웅희

Distance — is not the Realm of Fox

Nor by Relay of Bird

Abated — Distance is

Until thyself, Beloved.

거리距離는 — 여우의 영역도
아니고 새의 계주로
줄어들지도 않아 — 거리란
당신 자신일 때까지야, 사랑아

The difference between Despair
And Fear, is like the One
Between the instant of a Wreck
And when the Wreck has been —

The Mind is smooth —
No motion — Contented as the Eye
Opon the Forehead of a Bust —
That knows it cannot see —

절망과 공포

그 차이는 마치

난파의 찰나와

그 난파가 일어난 때 사이와 같다 ―

정신은 부드럽고 ―

움직임 없는 ―

자신이 볼 수 없음을 알고 있는 ―

어느 흉상 이마에 있는 그 눈처럼 만족한다 ―

The Soul unto itself

Is an imperial friend —

Or the most agonizing Spy

An Enemy — could send —

Secure against it's own —

No treason it can fear —

Itself — it's Sovereign — Of itself

The Soul should stand in awe —

영혼은 스스로에게
황실의 친구 —
혹은 적이 — 보낼 수 있는 —
가장 고통스러운 첩자

자신의 적으로부터 안전하다면 —
어떤 반역도 두려울 것 없지 —
그 스스로가 — 자신에 대한 — 자신의 주권자
영혼은 경외하며 있어야 하지 —

Ah, Teneriffe!
Retreating Mountain!
Purples of Ages — pause for you —

Sunset — reviews her Sapphire Regiment —
Day — drops you her Red Adieu!

Still — Clad in your Mail of ices —
Thigh of Granite — and thew — of Steel —
Heedless — alike — of pomp — or parting

Ah, Teneriffe!
I'm kneeling — still —

아, 테너리프♦!

피정의 산!

당신을 위해 멈춘 ― 시대의 보라들 ―

석양이 ― 그녀의 사파이어 무리를 점검한다 ―

낮이 ― 당신에게 그녀의 붉은 작별을 떨군다, 아듀!

여전히 ― 당신의 얼음 우편물을 입고서 ―

허벅지는 화강암 ― 근육은 ― 강철 ―

장관 ― 혹은 작별의 ― 엇비슷한 ― 무관심

아, 테너리프!

나는 무릎을 꿇고 있어 ― 조용히 ―

♦ 테너리프Teneriffe 섬은 스페인의 카나리아 제도에서 가장 큰 섬으로, 중앙에 대서양에서 가장 높은 봉우리인 화산 테이데 봉이 있다.

"Nature" is what we see —
The Hill — the Afternoon —
Squirrel — Eclipse — the Bumble bee —
Nay — Nature is Heaven —
Nature is what we hear —
The Bobolink — the Sea —
Thunder — the Cricket —
Nay — Nature is Harmony —
Nature is what we know —
Yet have no art to say —
So impotent our wisdom is
To her Simplicity

"자연"은 우리가 보는 것 —
언덕 — 오후 —
다람쥐 — 일식 — 호박벌 —
아니 — 자연은 천국 —
자연은 우리가 듣는 것 —
보보링크 새 — 바다 —
천둥 — 귀뚜라미 —
아니 — 자연은 하모니 —
자연은 우리가 알고 있는 것 —
아직 말재주가 없어 —
그녀의 간소함에
우리의 지혜는 그렇게 무력하다

No Romance sold unto

Could so enthral a Man

As the perusal of His Individual One —

'Tis Fiction's — to dilute to Plausibility

Our Novel — When 'tis small enough

To Credit — 'Tis'nt true!

돈 주고 산 어떤 로맨스로도
자신의 개인적인 것을 정독하는 만큼
인간을 사로잡을 수 없었다 ㅡ
픽션은 개연성을 ㅡ 희석시키는 것
우리의 소설은 ㅡ 믿을 수 있을 만큼
작을 땐 ㅡ 그건 진실이 아니지!

The overtakelessness of those
Who have accomplished Death —
Majestic is to me beyond
The majesties of Earth —
The soul her "not at Home"
Inscribes upon the flesh —
And takes her fine aerial gait
Beyond the hope of touch —

죽음을 성취한

이들을 따라잡을 수 없음 —

장엄함은 내게

지상의 장엄한 것들 너머에 —

영혼은 그녀의 "집에 없음"을

육체에 새기고 —

닿음의 희망을 넘어선

그녀의 고운 공중 걸음을 걷는다 —

Least Bee that Brew —

A Honey's Worth

The Summer multiply —

Content Her smallest fraction help

The Amber Quantity —

꿀의 가치를 빚는 —
가장 작은 벌이
여름에 번식한다 —
자신의 가장 작은 마찰이 도움 되는
호박 보석의 수량에 만족한다 —

To be alive — is power —

Existence — in itself —

Without a further function —

Omnipotence — Enough —

To be alive — and Will —

'Tis able as a God —

The Further of Ourselves — be what —

Such being Finitude?

살아있는 건 ― 힘 ―
존재 ― 그 자체는 ―
그 이상의 기능이 없고 ―
살아있음으로 ― 충분한 ―
전능 ― 그리고 의지 ―
그것은 신만큼이나 유능하다 ―
우리 자신 그 이상은 무엇일까 ―
그렇게 유한하다는 것?

So set it's Sun in Thee

What Day be dark to me —

What Distance — far —

So I the ships may see

That touch — how seldomly —

Thy Shore?

그러니 당신 안에 태양을 품으세요

어떤 날이 내게 어두울까요 —

거리가 얼마인들 — 멀까요 —

그래서 내가 볼까요,

당신의 해안에

웬만해서는 닿지 않는

그 배들을?

Her Grace Is All She Has

우아함이 전부인데

그에게

I showed her Hights

she never saw —

"Would'st Climb," I said?

She said — "Not so" —

"With me —" I said —

With me?

I showed her Secrets —

Morning's Nest —

The Rope the Nights

were put across —

And now — "Would'st have me for a Guest"?

She could not find her Yes —

And then, I brake

my life — And Lo,

A Light, for her,

did solemn glow,

The larger, as her

face withdrew —

And could she, further,

"No"?

내가 그녀에게 언덕을 보여줬다

그녀는 본 적 없는 언덕 —

내가 말했다 "올라갈까?"

그녀가 말했다 — "별로" —

내가 말했다 — "나랑" —

나랑?

나는 그녀에게 비밀을 보여줬다 —

아침의 둥지 —

밧줄은 밤을

가로질렀고 —

그리고 지금 — "저를 손님으로 맞아주시겠습니까?"

그녀는 자신의 "그래"를 찾지 못했다 —

그때, 나는 내 인생에

제동을 걸었다 — 그런데 봐봐,

빛이 그녀를 향해,

엄숙하게 빛났고

그녀의 얼굴이 물러설수록

더 크게 빛났다 —

그런데 심지어 그녀가 "아니"라고

말할 수 있을까?

Her Grace is all she has,

And that, so least displays,

One art, to recognize, must be,

Another Art, to praise —

그녀에겐 우아함이 전부인데,
거의 드러내지 않는다
예술이 인식해야 하는 것이라면
칭찬은 또 다른 예술 —

We pass — and she — abides —
We conjugate Her skill.
While She — creates and federates
Without a syllable —

우리는 지나가고 ─ 그녀는 ─ 머물고 ─
우리는 그녀의 기술을 활용한다
그동안 그녀는 창조하고 연합한다
음절 하나 없이 ─

The Definition of Beauty, is

That Definition is none —

Of Heaven, easing Analysis,

Since Heaven and He

Are One —

아름다움의 정의는

정의가 없다는 것이다 —

천국에 대해서는 분석이 쉬워지는데

천국과 그가

하나이기 때문 —

The Crickets sang
And set the Sun
And Workmen finished one by one
Their Seam the Day opon —

The low Grass loaded with the Dew
The Twilight stood, as Strangers do
With Hat in Hand, polite and new
To stay as if, or go —

A Vastness, as a Neighbor, came,
A Wisdom, without Face, or Name,
A Peace, as Hemispheres at Home
And so the Night became —

귀뚜라미 노래하고
해는 저물었고
노동자들은 하나둘
자신의 하루 솔기를 다 이었고 ―

낮은 풀들에 이슬이 앉고
황혼이 낯선 이방인인 양
손에 모자를 들고 정중히 새롭게 서서
머물거나 아니면 가거나, 마치 ―

광활은 이웃으로 왔고
지혜는 얼굴도 이름도 없이
평화는 집 안의 반구로서
그리고 그렇게 밤은 왔다 ―

I was all ear
And took in strains that
might create a seal
Under the lids of death

Despair is treason
toward Man
And blasphemy
to Heaven

*나는 귀를 기울였고
죽음의 뚜껑 아래
봉인을 만들어낼
선율을 받아들였다*

*절망은 인간을
향한 반역
천국을 향한
모독*♦

♦ 이탤릭체로 표시한 이 시는 디킨슨의 시가 적힌 종이 뒷면에 수잔이 쓴 시다.

Except to Heaven — she is nought.

Except for Angels — lone —

Except to some wide—wandering Bee —

A flower superfluous — blown.

Except for winds — provincial —

Except for Butterflies

Unnoticed as a single dew

That on the Acre lies —

The smallest Housewife in the grass,

Yet take her from the lawn

And somebody has lost the face

That made Existence — Home —

천국이 아니라면 ― 그녀는 아무것도 아니다
천사들이 없다면 ― 외롭겠지 ―
이리저리 돌아다니는 어떤 벌에게 닿지 않았다면 ―
꽃 한 송이 괜히 ― 피어버린 것이다

바람이 없다면 ― 시골 바람 ―
저 들판에 내린
이슬 한 방울처럼 눈에 띄지 않는
나비들이 없다면 ―

풀밭의 아주 조그마한 아낙은
그녀를 잔디밭에서 데려가고
누군가는 존재를 ― 집으로 ―
삼은 그 얼굴을 잃어버렸다

Like some Old fashioned Miracle
When Summertime is done —
Seems Summer's — Recollection
And the Affairs of June

As infinite Tradition
As Cinderella's Bays —
Or Little John — of Lincoln Green —
Or Blue Beard's Galleries —

Her Bees have a fictitious Hum —
Her Blossoms, like a Dream —
Elate us — till we almost weep —
So plausible — they seem —

Her Memories like Strains — Review —
When Orchestra is dumb —
The Violin in Baize replaced —
And Ear — and Heaven — numb —

여름이 다 지나 —
어떤 구닥다리 기적처럼
보이는 여름의 — 추억
그리고 유월의 사건들

무한한 전통인 듯
신데렐라의 헛간인 듯 —
아니면 링컨 그린♦의 — 리틀 존 —
아니면 푸른 수염의 회랑

그녀의 벌들이 내는 허밍은 허구 —
그녀의 꽃송이들은 꿈결 —
우리는 덩달아 기분 좋아져 — 눈물이 날 것 같다 —
정말 그럴 것 같아 — 보이는 그들 —

노래의 선율 같은 그녀의 기억들이 — 되짚어본다 —
그때 오케스트라는 청력을 잃고 —
베이즈♦♦ 천으로 싼 바이올린은 교체되고 —
귀와 — 천국은 — 마비된다 —

♦ 링컨 그린의 리틀 존Little John of Lincoln Green은 로빈 후드의 동료 리틀 존을 가리키는 것 같다. 링컨 그린은 리틀 존이 입는 초록색 복장이나 옷감 또는 그 염료 색상을 말한다.

♦♦ 베이즈baize는 당구 테이블이나 카지노 게임 테이블 커버로 쓰이는 펠트천 류의 조잡한 울 소재 천이다.

Keeps a Shrine for Susan

Susan's Idolater

수잔의 숭배자가 수잔을 신전에 모십니다

Susan's Idolater keeps

a Shrine for Susan.

수잔의 숭배자가
수잔을 신전에 모십니다

The Frost of Death was on the Pane —
"Secure your Flower" said he.
Like Sailors fighting with a Leak
We fought Mortality —

Our passive Flower we held to Sea —
To mountain — to the Sun —
Yet even on his Scarlet shelf
To crawl the Frost begun —

We pried him back
Ourselves we wedged
Himself and her between —
Yet easy as the narrow Snake
He forked his way along

Till all her helpless beauty bent
And then our wrath begun —
We hunted him to his Ravine
We chased him to his Den —

We hated Death and hated Life
And nowhere was to go —
Than Sea and continent there is
A larger — it is Woe

죽음의 서리가 유리창에 서렸다 —
"네 꽃을 지켜" 그가 말했다
누수와 싸우는 선원들처럼
우리는 필멸과 싸웠다 —

우리의 수동적인 꽃을 들고 우리는 바다로 갔다 —
산으로 — 태양에게로 갔지만 —
그 진홍 선반 위조차
서리가 기어오르기 시작했다 —

우리는 몰래 그의 동정을 살폈다
우리는 우리를 쐐기로 박았다
그와 그녀 사이에 —
하지만 가느다란 뱀처럼 쉽게
그는 길을 헤치며 계속 갔다

그녀의 무기력한 아름다움이 모두 휘어질 때까지
그리고 우리의 분노가 시작될 때까지 —
우리는 그를 사냥하며 그의 협곡까지 갔다
우리는 그를 쫓아 그의 굴까지 갔다 —

우리는 죽음이 싫었고 삶이 싫었다
그리고 아무 데도 갈 곳이 없었다
바다보다 대륙보다
더 큰 것이 있으니 — 비통함이 그것이다

A Spider sewed

at Night

Without a Light

Opon an Arc of

White —

If Ruff it was

of Dame

Or Shroud of Gnome

Himself

inform —

Of Immortality

His strategy

Was physiognomy —

Emily

거미가 바느질했다
밤에
빛도 없이
하얀
호 위를 —

만일 그것이
여인의 주름깃이었거나
난쟁이 도깨비의 수의였다면
그가 직접
알려준 건 —

불멸
그의 전략은
골상학 —

에밀리

Best Witchcraft

is Geometry

To a magician's

eye —

최고의 마녀 마법은

마술사의

눈으로 본

기하학 ―

The Wind begun to knead the Grass

As Women do a Dough —

He flung a Hand full at the Plain

A Hand full at the Sky.

The Leaves unhooked

themselves from Trees

And started all abroad —

The Dust did scoop itself like Hands

And throw away the Road —

The Wagons quickened on the Streets —

The Thunder gossiped low

The lightning showed a yellow Head

And then a livid Toe —

The Birds put up the Bars to nests —

The Cattle flung to Barns

Then came one drop of Giant Rain

And then as if the Hands

That held the Dams had parted hold —

The Waters Wrecked the Sky —

But overlooked my Father's House

Just quartering a Tree —

바람이 풀밭을 반죽하기 시작했다
여자들이 반죽을 하듯 ―
그는 평원을 향해 가득 손을 휘둘렀다
손을 가득 하늘을 향해
잎사귀들은 고리를 끊고
스스로 나무를 떠나
모두 멀어지기 시작했다 ―
먼지는 손처럼 직접 스스로를 퍼서
길에 던져버렸다 ―

마차가 거리를 재촉했다 ―
천둥의 수군대는 저음
번개가 보여주는 노란 머리
다음에는 검푸른 발끝 ―
새들은 막대기를 둥지로 집어 올리고
소들을 헛간으로 몰아넣고 나니
거대한 비가 한 방울 떨어졌다 ―

그때 마치 손이
댐을 잡고 있다가 쥔 손을 뗐을 때처럼
물줄기가 하늘을 난파했다 ―
하지만 내 아버지의 집을 간과하고
그저 나무 한 그루만 사지를 갈라놓았다 ―

Lest any doubt

that we are glad

that they were born

Today

Whose having lived

is held by us

in noble holiday

Without the date,

like Consciousness

or Immortality —

의심할 것 없어
그들이 태어났음에
우리는 반가웠어
살아온 이들의
오늘을
우리가 잡고 있어
날짜 없는
고결한 축일
마치 의식意識이나
불멸처럼 —

Trust is better

than Contract, for

One is still, but

the other moves.

Emily

신용은
계약보다 나아, 왜냐면
전자는 정적이야, 그러나
후자는 움직이니까

에밀리

To see you

unfits for staler

meetings.

I dare not risk an intemperate

moment before

a Banquet of

Bran.

널 만나는 게

어울리지 않는 썩은 내 나는

모임들

밀기울의

연회를

앞둔 그 무절제한 순간을

나라면 절대 무릅쓰지 않을 텐데

A prompt — executive Bird is the Jay —

Bold as a Bailiff's Hymn —

Brittle and Brief in quality —

Warrant in every Line —

Sitting a Bough like a Brigadier

Confident and straight —

Much is the mien of him in March

As a Magistrate —

재빠르고 ― 실행력 좋은 새가 어치야 ―
대담하기가 집행관의 찬송가 같고 ―
부서질 듯 짧은 음색 ―
노래 구절마다 영장이 있다 ―

해군 준장처럼 가지에 앉아
자신만만 꼿꼿하게 ―
삼월의 그의 풍채는 당당하기가
치안판사 같아 ―

Our own possessions —

Though our own —

'Tis well to hoard anew —

Remembering the Dimensions

Of Possibility.

우리 자신의 소유물 —
우리 자신의 것이라지만 —
당연히 새로 저장해야 해 —
가능의
규모를 기억하면서

Morns Like These —
We Parted

우린 헤어졌다

이편아짐이편이

Morns like these — we parted.

Noons like these — she rose

Fluttering first — then firmer —

To her fair repose.

Never did she lisp it —

And was not for me —

She was mute from transport —

I — from agony —

Till — the evening nearing —

One the Curtains drew —

Quick! A sharper rustling!

And this Linnet flew!

이런 아침이면 ─ 우린 헤어졌다
이런 정오에 ─ 그녀는 일어나
처음엔 펄럭이다 ─ 다음에는 더 단단한 ─
그녀의 청명한 휴식에 들어간다
그녀는 그것을 절대 좋알댄 적 없었는데 ─
날 위한 건 아니었다 ─
그녀는 이동하느라 말이 없고 ─
나는 ─ 고통 때문에 ─
저녁이 가까워질 ─ 때까지 ─
커튼 드리운 어느 저녁 ─
휘리릭! 예리한 바스락!
그러고는 홍방울새의 비상!

A Death blow — is a Life blow — to Some —
Who, till they died, Did not alive — become —
Who had they lived Had died, but when
They died, Vitality begun —

죽음의 일격이 ― 어떤 이들에게는 ― 인생의 일격이다 ―
그들이 죽을 때까지 누가 살아있지 않게 ― 되었고 ―
그들이 살아있었다면 누가 죽었을까 ― 하지만
그들이 죽었을 때, 활력은 시작됐다 ―

Two Lengths has every Day —

It's absolute extent

And Area superior

By Hope or Horror lent —

Eternity will be

Velocity or Pause

At Fundamental Signals

From Fundamental Laws.

To die is not to go —

On Doom's consummate

Chart No Territory new is staked —

Remain thou as thou Art.

두 길이에는 매일의 하루가 있다 —
그 절대적 범위와
더욱 거대한 영역
희망과 공포에게 빌린 것들이었다 —

영원은
근본의 법칙이 보내는
근본의 신호에서의
속도 혹은 중지일 것이다

죽는다는 건 가지 않는 것 —
파국의 절정에
어떤 새 영토도 표시되지 않은 지도 —
지금 그대로의 그대가 남긴다

I think that the root of the Wind is Water,

It would not sound so deep

Were it a firmamental product,

Airs no Oceans keep —

Mediterranean intonations,

To a Current's ear

There is a maritime conviction

In the atmosphere.

내 생각에 바람의 뿌리는 물이야
그렇게 깊은 소리를 내진 않겠지
그것이 창공의 산물이라면
바람이 대양을 품진 않겠지 ―
해류의 귀에 닿은
지중해의 영창
대기 속엔
해양 판결이 있어

A poor — torn Heart — a tattered heart,

That sat it down to rest —

Nor noticed that the ebbing Day

Flowed silver to the West;

Nor noticed night did soft descend,

Nor Constellation burn —

Intent opon a vision

Of Latitudes unknown —

The Angels, happening that way

This dusty heart espied —

Tenderly took it up from toil —

And carried it to God —

There — sandals for the Barefoot —

There — gathered from the gales

Do the blue Havens — by the hand

Lead the wandering sails —

불쌍한 ― 찢겨나간 마음 ― 너덜너덜해진 마음
앉아 쉬었다 ―
하지만 물러가는 하루가 은빛으로
넘실대며 서쪽으로 가는 것도 눈치 채지 못했고
밤이 살포시 내려가는 것도 눈치 채지 못했고
별자리가 타오르는 것도 ―
위도의 시야에 서린
의도도 알지 못했다 ―

천사들이 ― 어쩌다
이 먼지투성이의 심장을 엿보게 되었고 ―
다정하게도 노역에서 건져내 ―
신께 데려다주었다 ―
거기에 ― 맨발을 위한 샌들 ―
거기에 ― 강풍에 의해 모여들었다
푸른 정박지는 ― 손으로
방황하는 돛을 인도하라 ―

This Consciousness that is aware

Of Neighbors and the Sun

Will be the one aware of Death

And that itself alone

Is traversing the interval

Experience between

And most profound experiment

Appointed unto Men —

How adequate unto itself

It's properties shall be

Itself unto itself and none

Shall make discovery.

Adventure most unto itself

The Soul condemned to be —

Attended by a single Hound

It's own identity.

이웃과 태양을
자각하는 이 의식이
죽음을 알고 있는 것이리라
그리고 그 자체가 홀로

사이 경험
구간을 횡단하고 있다
그리고 인간에게 지정된
가장 심오한 실험 —

그것의 속성은
스스로에게 정말로 적절할 테지만
자신에게만 있고
아무도 발견할 수 없다

그것 스스로에게는 크나큰 모험
영혼은 —
자신의 정체성
사냥개 한 명♦이 지켜줄 운명이다

♦ 이 시에 나오는 "사냥개 한 명a single Hound"이라는 표현은 1914년 수잔 디킨슨이 갖고 있던 디킨슨의 시를 모아 출간한 시집의 제목이 되었다.

When I hoped, I feared —

Since I hoped I dared

Everywhere alone

As a church remain —

Spectre cannot harm

Serpent cannot charm

He is Prince of Harm

Who hath suffered him —

내가 소망했을 때 나는 두려웠다 —
감히 하면 안 되는 것을 소망했으니까
사방이 혼자
교회처럼 남아 —
혼령도 해 끼치지 못하고
뱀도 홀리지 못해
그는 유해함의 왕자
그를 버텨 왔다 —

Of Death the sharpest function

That just as we discern

The Excellence defies us

Securest gathered then

The Fruit perverse to plucking

But leaning to the Sight

With the extatic limit

Of unobtained Delight.

죽음의 아주 예리한 기능은
우리가 분별한 그대로다
그 탁월함에 우리는 굴복한다
가장 안전하고 모으고 나면
열매는 반역하여 잡아 뜯지만
얻을 수 없는 기쁨이라는
황홀한 한계를 지닌
그 장면으로 기울어진다

Has All — a
Codicil?

Emily

추가 유언은 — 다
된 건가?

에밀리

옮긴 후에

왜 에밀리 디킨슨일까?

박혜란

19세기에도 여성의 권리와 자유에는 여전히 제약과 억압이 많았지만, 유럽과 신대륙에서는 여러 방면에서 의욕적으로 활발히 활동한 여성들이 꽤 있었다. 하지만 교육받은 중산층 백인 에밀리 디킨슨은 미국 동부의 작은 농촌 도시 애머스트에서 평생을 비혼으로 살았던 무명의 존재였다. 여성 참정권 운동에 목소리를 높이지도 않았고, 당시 대중들에게 영향력 있거나 유명한 작가도 아니었다. 평생 1800여 편이 넘는 시를 썼지만, 시인의 시는 소수의 지인만 알았고, 친구가 편집한 시집, 지역 신문과 단체 기관지 정도에 익명으로 몇 편 기고한 정도를 제외하면 거의 출판을 하지도 않았다. 공적인 활동은 물론 외부인과의 교류도 없었고 외출도 하지 않았다. 사후에 시가 발견되었지만, 디킨슨의 시는 당시 영문학의 문학 전통과 형식에서 많이 비켜 있었다. 대중적 인기가 대단했고 초기 비평가들이 그 특별함에 주목했지만 배우지 못한 '여류 시인'의 시로 폄하하는 흐름이 지배적이었다.

파시클의 두 번째 디킨슨 시집 제목이기도 한 "마녀의 마법에는 계보가 없다"라는 시구처럼 디킨슨의 시는 계보 없는 계보의 시다. 형식이나 운율은 유럽 지적 문학 전통의 규범과 관습을 따르기보다는 대중적인 교회의 찬양이나 노래의 운율을 독창적으로 비틀고, 과감하게 다양한 분야의 어휘를 시어로 사용했으며, 소재의 구애도 받지 않았다. 당시의 문학적 관례로는 매우 낯설고 이상했을 수 있겠지만 시인은 교훈과 계몽의 언어를 붙드는 대신, 유영하는 비정형의 언어로써 사상을 감각하고 그려내고 연주하는 창작자였다. 당시 미국의 첨예한 주제였던, 노예제도와 선거제도, 민주주의는 물론이고, 상업자본, 제국과 식민의 관념이 당돌하게 시어로 들어온다. 해석은 읽는 이의 몫이지만 말이다.

문학과 예술이 다수의 독자와 관객을 대상으로 대중의 기호와 윤리에 협상하고 타협하던 시기에 디킨슨은 고립했고 시는 난해했다. 그러나 디킨슨에게는 함께 시를 읽고 반응하는 친구들이 있었다. 지역 신문 편집자나 평론가도 있었지만 대개는 디킨슨이 가깝게 지내는 여성이었다. 디킨슨은 시와 함께 빵의 레시피나, 뜨개질한 속옷이나, 정원에서 따온 꽃으로 만든 꽃 장식을 선물하고 감상의 편지를 받았다. 하루의 풍경과 읽은 책의 독후감이 시와 편지로 오고갔다. 친구들은 때로는 디킨슨의 시를 출판하고 익명으로 지역 신문이나 기관지에 기고하게 했고 때로는 독자들의 반응을 걱정하기도 했다.

그리고 디킨슨은 손바느질로 제본한 작은 종이다발(fascicles)에 자신의 시를 정서하여 모아두었다. 파시클은 당시 여성들이 즐겨 만든 일종의 블로그였다. 직접 손제본한 작은 책자에 19세기 미국 여성들은 책에서 읽은 좋은 글귀나 시를 옮겨두곤 했는데, 디킨슨은 자신의 시로 파시클을 만들어 보관했다. 생각해보면 양적으로나 수준으로나 엄청난 시를 쓰면서도 공개하지 않았던 시인의 시적 활동은 상업적 출판 영역에서 보면 기이하고 이상할 수 있지만 '여류' 작가에 걸맞은 대중적 공감과 출판 규범으로부터 자유롭게 창작할 수 있는 자기만의 플랫폼 구축 방식이었을지도 모른다. 당시의 출판 규범이나 문학적 관례에서 비켜선 덕분에 디킨슨의 시는 백오십 년이 지난 지금도 여전히 매력적이다.

편지로 보낸 시

『수 — 영원해!』는 수잔에게 보낸 디킨슨의 시를 고르고 번역한 시집이다. 수 또는 수잔 혹은 수잔 헌팅턴 길버트 디킨슨(Susan Huntington Gilbert Dickinson, 1830-1913)은 에밀리 디킨슨의 오랜 친구였고, 오빠의 부인이었고, 가장 많은 디킨슨의 시를 직접 받아 가장 먼저 읽은 독자였다. 둘은 가까운 거리에서 자주 만나는 친구였는데, 10대 후반부터 꾸준히 편지를 주고받았다. 에밀리 디킨슨은 많은 지인들에게 편지를 보냈다. 에밀리 디킨슨이 은둔의 시인이라고 알려져 있지만(그런데 은둔의 시간이 없는 예술가와 작가는 얼마나 될까?), 에이드리언 리치의 표현을 빌자면, 시인은 "완전히 밀폐된 은거가 아니라 읽기와 서신과 광범위한 사람들을 포함한 은둔"의 삶을 선택했다 할 수 있겠다.♦ 디킨슨에게는 자신이 선택한 사회가 있었고, 편지는 시집을 출판하지 않은 시인이 소수의 독자와 공유하는 일종의 배포 매체였다. 긴 편지도 있고, 몇 마디 짧은 쪽지도 있고, 꽃이나 케이크와 함께 보낸 수수께끼 같은 메시지도 있고, 시와 함께 케이크 레시피를 종이 앞뒤에 써 넣는 등, 남겨진 편지의 형식이나 내용이 매우 다양한데, 수잔은 디킨슨이 가장 자주 편지를 보낸 이였다.

♦ 에이드리언 리치 (이주혜 옮김), 『우리 죽은 자들이 깨어날 때』, (바다 출판사, 2020) 80쪽

에밀리 디킨슨의 오빠 오스틴 디킨슨이 수잔과 결혼한 후, 아버지는 디킨슨 본가 옆에 저택을 짓고 이 부부가 살게 했다. 이들에게는 [에밀리 디킨슨에게는 조카인] 세 명의 자녀가 있었고, 수잔과 시인은 서로 정원 사이로 난 작은 통로를 통해 자주 오가는, 평생의 친구이자 가족으로 지내게 된다. 에밀리 디킨슨은 수잔이 여행 중이면 애머스트의 날씨와 주변 풍경을 전하고 가족의 안부와 사랑을 나누는 매우 다정하고 일상적인 안부 편지를 보냈고, 평소에도 자주 편지와 쪽지로 수잔에 대한 그리움과 다정한 애정을 고백하기도 했다. 무엇보다 자신이 쓴 시를 보내 시의 감상을 주고받았다. 연구자들은 수잔에게 보낸 디킨슨의 시가 250여 편에 이른다고 주장하기도 한다.

이 시집에 수록된 디킨슨의 글은 디킨슨이 수잔에게 보여준 시가 대부분이다. 파시클에 수록된 시가 많은데, 그 시들을 제외하고 수신인은 수잔으로, 발신인은 에밀리로 되어 있는 운문 형식의 글을 주로 실었다. 수신인에 대한 시인의 마음을 이해할 수 있는 짧은 메시지의 쪽지도 실었다. 디킨슨은 시라는 서신을 통해 자신이 받는 이를 얼마나 소중히 여기고 사랑하는지를 고백했다. 자신이 쓴 시를 보내, 감상을 듣고 수정해 새로운 시로 완성해가기도 했다. 수잔에게 보낸 시들은 다시 시인이 정리하여 파시클에 기록해 두었다. 수잔은 시인에게 받은 시를 지역 신문 편집장이나 지인들과

이미지 출처: 위키피디아

돌려 읽었다. 몇몇 시는 지역 신문에 게재되기도 했다.

디킨슨이 죽은 후, 디킨슨 시 필사 원고는 출간을 위해 편집자들이 검토하였고,♦ 이 과정에서 파시클은 해체되고 몇몇 내용, 특히 수잔에 대해 언급한 부분은 칼로 도려내어지거나 지우개로 지워졌다. 시 내용 전체가 펜으로 지워지기도 했다.

수잔이 갖고 있던 시인의 시 또한 후에 수잔의 딸인 마사 디킨슨 비앤쉬Martha Dickinson Bianchi의 편집으로 『한 명의 사냥개: 한 인생의 시The Single Hound: Poems of a Lifetime』라는 제목으로 출간되었다.♦♦ 19세기 여성 시인의 시집치고는 제목마저 범상치 않은 이 시집 서문에서 편집자는 디킨슨을 "매력적이고 의지가 강한 여성이었고, 번개와 향기를 동시에 지녔다"고 소개했다. 자신의 고모인 에밀리 디킨슨과 어머니 수잔과의 로맨틱한 우정이 소녀 시절부터 죽을 때까지 이어졌다는 이야기와 함께, 디킨슨이 수잔에게 첫 시를 보낸 1848년부터 편지는 내내 오갔다는 사실을, 그리고 수잔에게서 온 질문에 대한 응답으로 추정되는 "나의 답은 완벽히 '그래'야, 수"라는 답장이 수잔에게 보낸 마지막 말이었음을 전한다. 남아 있는 수잔의 글이나 기록으로는 수잔과 디킨슨의 관계를 정확히 알 수 없지만, 디킨슨이 보낸 시와 편지는 아름답고 기발하고 애틋하며 때로는 시리다.

♦ Emily Dickinson(Mabel Loomis Todd and T. W. Higginson ed.), Poems, Roberts Borthers, Boston, 1890
에밀리 디킨슨의 첫 시집으로, 이 시집을 통해 디킨슨이 세상에 알려졌다. 이 시집은 온라인으로 확인할 수 있다.
https://archive.org/details/poemssucc00dickrich

♦♦ Emily Dickinson(Martha Dickinson Bianchi ed.), The Single Hound: Poems of a Lifetime, Little Brown And Company, Boston, 1915
이 시집은 미의회도서관에서 온라인으로 확인할 수 있다.
https://www.loc.gov/item/14016571

번역자가 시를 선택하여 수록한 기준은 처음에는 딱히 없었다. 수신인이 수잔으로 되어 있는 디킨슨의 시들을 찾아 읽어보자는 마음에서 시를 살피기 시작했을 뿐이다. 디킨슨이 수잔에게 보여준 시는 파시클에 정리된 원고와 겹치는 시들이 많았다. 그런데 그 외에도 생각보다 좋은 글이 많았고, 에밀리 디킨슨 시 전집의 편집자들이 시 범주에 포함하지 않은 아름답고 기발한 기지와 심상이 나름의 리듬을 갖추고 압축된 메모도 있었다.

당신이 그녀에게 보낸 편지를 내가 읽어도 되겠습니까?

이것은 이번 시집을 계획하고 시작할 당시 번역자가 품은 질문이다. 지워진 수신인 수잔에게 보낸 에밀리 디킨슨의 시. 어쩌면 그녀는 다른 이들에겐 읽히지 않길 바랐을 수도 있다. 그런데 내가 읽어도 되는 것일까?

출판이 되지 않았다는 것은 단순히 '판매용' 시가 아니라는 것 이상의 의미다. 디킨슨의 시가 대중적 독자를 겨냥한 출판의 텍스트가 아닌, 수신인이 있는 텍스트라는 점이 시를 어렵게도 하고 재미있게도 한다. 수신과 발신의 맥락을 알지 못하는 데서 오는 해석의 어려움이 있음에도 맥락 없이 읽히는, 발신하고 수신하는 메시지의 언어와 감정의 흐름을 시의 행과 연에서 읽는 미학적 즐거움이 있다. 수잔에게 보내는 디킨슨의 시에는 가까운 그리움과 다정함이 담겼고, 둘이 오랜 시간 함께 나눈 미학적 감각으로 소통하며 완성해가는 형식과 내용의 정교함이 발견된다. 시인이 직접 묶은 종이 다발인 파시클이 내가 읽는 나의 시라는 독서의 형편으로 완성된 미학을 보여준다면 편지로 보낸 시는 2인칭과의 정서적 관계 속에 진행되는 창작과 독서의 걸음과 매듭들을 보여준다. '너'에게 보내는 시와 편지를 쓰는 시인 디킨슨은 개인 디킨슨과 같기도 하고 다르기도 하다. 글의 자아와 현실의 자아는 접점과 거리로 서로를 표현하고 읽는다.

격정과 다정의 감정이 언어로 소통하는 과정이 시가 된다.

에밀리 디킨슨과 수잔 디킨슨이 실제 어떤 관계였는지 나는 정확히 알지 못한다. 두 사람이 자신들의 관계에 대해 공표한 적도, 공적으로 어떤 판단이나 판결을♦ 받은 적도 없기에 이들의 정체와 관계를 내가 읽은 시로 판단할 방법은 없다. 다만 시에서 호명한 이와 호명된 이의 정서적 유대로 이어가는, 쓰기와 읽기의 결과를 감상할 뿐이다. 그렇게 번역을 하고 시를 고르면서 떠올린 질문, 내 스스로에게 묻는 질문이 있다. 시는 이러한 정서적 유대, 그러니까 소위 사랑을 어떻게 이야기하고 있을까?

나는 시에서 이를 어떻게 읽어낼까?

어떤 관계가 이상적이고 바람직한 사랑인지 나는 잘 알지 못한다. 그럼에도 아는 것 하나는, 우리가 모두 사랑을 이야기하고 있다는 사실, 저마다가 제각각의 사랑을 그리고 있다는 사실이다. 사랑은 감각이기도 하고 기억이기도 하고 행동이기도 하고 소망이기도 하고 결여이기도 하고 충만과 성취이기도 하고 기쁜 사랑이거나 아픈 사랑이기도 하고 고백이거나 비밀이기도 하다. 마음의 일을 판단하거나 규정할 수는 없다. 누구를 사랑하면 안 된다며 대상의 범위를 관습이나 법으로 정하고 금지한다 해도, 바라고 소망하는 마음에서 벌어지는 모든 역동과 감정의 문제를 막지는 못한다. 사랑의 성향이 제각각인데 표준화된 사랑과 섹슈얼리티에 따라 누군가의 정체성을 그것대로만 표하라는 사회적 메시지도 넌센스다. 물론 욕망하는 이에 대한 폭력과 착취가 사랑이라는 단어로 표현되기도 하지만, 타인에 대한 사랑은 내면적으로는 매우 개인적인 혼자만의 감정이면서 외부

♦ 과거에 동성애가 불법이었다는 것은 법정에서 판결받고 징역을 살기도 하는 처벌을 받았고 판결기록으로 아웃팅당한다는 의미이기도 하다.

적으로는 타자와 관계 맺으며 서로를 욕망하거나 서로를 돌보는, 섹슈얼리티를 포함해 내가 나의 너머로 건너가는 여정에서의 온갖 행위나 감정들과 관련된 무엇일 것이다.

디킨슨이 수잔에게 보낸 편지와 시에서 수잔은 수Sue 또는 수지Susie, 돌리Dollie 같은 애칭으로도 불렸고, 친구comrade라 불리기도 하고, 언니sister이기도 했다.

> 나는 이슬을 흘렸지만
> 아침을 맞았다 —
> 광활한 밤 무수한 것들 가운데
> 나는 이 별 하나를 골랐다
> 수 — 영원해!

수잔에게 보내는 시를 보면 대체로 시인은 수잔이 언제나 자신과 함께하길 기도한다. 밤이 지나 아침이 되어도 사라지지 않는 별처럼, 수잔이 자신의 곁에 영원히 머물길 바라는 것이다. 편지의 수신인이 수잔인데도, 때로 시에 호명되는 청자를 존대받는 남성(Sir)으로 호명해 마치 궁중 연애시의 어조로 시 텍스트 안에서의 상황을 실제 자신과 거리를 두기도 한다. 왜 그랬을까?

> 서쪽에서 — 내 신분을 — 차지하기 위해 —
> 내 시간이 다했을 때 —
> 내가 마지막으로 지닐 — 얼굴 —
> 그 얼굴은 — 바로 당신의 얼굴일 겁니다 —
>
> 나는 이것을 천사에게 건네겠습니다 —
> 그것이 — 써Sir — 나의 지위였으니까요 —
> 왕국에서 — 올림 받은 이들이 하는 말을 —
> 당신도 들으셨지요 — 그랬을 거예요

두 사람의 이야기가 아닐 수도 있고, 죽음에 직면한 화자의 목

소리를 낼 때조차도 유머와 냉소를 잃지 않는 시인의 기지로 만든 가공의 연애시일 수도 있겠는데, 죽음에 이를 때까지 사랑하는 이와 함께하겠다는 화자의 소망이 시의 중심 내용을 이룬다는 점은 수잔에게 보내는 다른 시들과 많이 닮아 있다.

디킨슨의 독자 수잔

수잔은 시인에게 적극적인 독자였던 듯하다. 디킨슨 시 가운데 가장 잘 알려진 시 가운데 하나인 「설화석고실 안에서 안전하게」는 디킨슨 생전 『더 스프링필드 리퍼블리칸 the Springfield Republican』에 「잠 The Sleeping」이란 제목으로 실리기도 했는데, 아마도 시인이 수잔에게 보낸 원고가 게재된 듯하다.

> 설화석고실 안에서 안전하게
> 아침이 닿지 않고 ―
> 정오도 닿지 않는 곳에 ―
> 부활의 ― 유순한 구성원들이 누워 있다
> 새틴 서까래 ― 석제 지붕 ―
>
> 살포시 웃는 미풍이
> 그들 위 그녀의 성에 머물고 ―
> 벌은 둔한 귀에 대고 재잘대고
> 달콤한 새들은 무지한 운율로 지저귄다 ―
> 아, 어떤 현명함이 여기에서 소멸했을까!

신문에 실린 이 시에 대해 디킨슨은 수잔에게 시의 2연을 수정해 다시 보내면서 더 마음에 들었으면 좋겠다고 했다.

> 그들 위에 뜬 ― 초승달 속에서 ― 세월은 장엄하게 지나고 ―
> 세상은 그들의 호를 떠나며 ―
> 창공은 열을 맞추고 ―

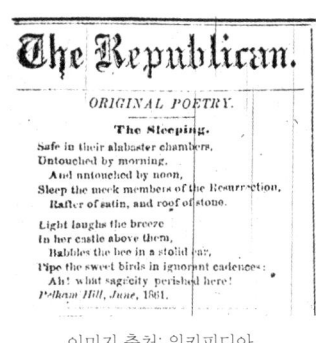

이미지 출처: 위키피디아

> 왕관들이 떨어지고 — 총독들이 항복한다 —
> 눈의 원반 위 — 점처럼 소리 없이 —

이 버전을 본 수잔은 "이것을 생각하면 나는 항상 난로로 가서 몸을 따듯하게 하지. 하지만 전혀 안 돼."라는 답장을 보냈다. "내가 읽은 책 한 권으로 인해 온몸이 오싹해졌는데 그런 나를 어떤 불로도 따뜻이 못 한다면, 그게 시"라고 했던 디킨슨의 시학을 떠올리게 한다. 둘이 공유한 시의 정의가 있었던 것 같다. 보다 냉정한 언어와 이미지를 찾으려는, 그래서 보다 서늘한 느낌으로 읽히는 시를 만들어가는 시인과 독자가 주고받는 창작과 독서의 과정이 흥미롭다. 디킨슨은 새로운 버전을 다시 보내며 더 오싹한지 묻는다.

> 봄이 — 문지방을 흔든다 —
> 하지만 — 메아리는 — 뻣뻣하고 —
> 서리 앉은 — 창문 — 그리고 마비된 — 문 —
> 일식의 부족들은 — 대리석 텐트에서 —
> 거기에서 — 시대의 꺽쇠는 — 채워졌다

번역에서는 어휘 사용에서 오는 운율과 리듬[의 끊어짐]이나 읽히는 흐름의 변화를 제대로 살리지 못했지만, 신문에 게재된 첫 시의 둘째 연이 편안하고 이해하기 쉽게 진행되어 첫째 연의 상황을 설명해주고 있다고 한다면, 둘째 버전은 감정을 철저히 배제하고 설화석고실에 잠든 이들과 무관하게 소멸해가는 바깥의 시간과 공간, 풍경과 역사를 간략히 기록한 느낌이다. 셋째 버전은 매우 절제된 언어로 첫 연의 설화석고실 안이 바깥과 완전히 차단되었다는, 마비와 봉쇄의 이미지를 보여준다. 매장된 시신에게 벌어질 이야기가 펼쳐질 것 같은 고딕 소설의 서늘한 긴장감이 있다. 어떤 버전이 더 좋은지, 어떻게 시가 발전했는지 하는 완성의 과정을 기대하지 않고 각각의 시가 보여주는 감상의 효과를 생각해보면, 시인과 독자는 시 한 편에서 하나의 상황을 첫 연에 설정하고 그로부터 파생된 전혀 다른 장르의 이야기를 각각 다른 버전으로 공유하고 있는 듯도 하다. 독자의 반응에 힘입어 다시 쓰게 된 시를 읽는 즐거움이 있다.

시인이 한 개인에게 보낸 시들을 시집으로 엮는 동안, 시의 감상이 어떤 전기적 사실을 캐내는 데 소비되지는 않을까 계속 걱정이었다. 시 감상에 어떻게 연결될 수 있을지 우려되는 점이 있지만, 결국 우리 손에 있는 건 텍스트뿐이다. 한 개인을 수신인으로 한 시들이기 때문에 시에 흐르는 다정과 보살핌의 정서, 상대방이 영원하기를 바라는 기원이 참 아름답다. 외부에 공개되고 파시클에도 기록된 시를 편지로 보내고, 감상과 비평을 들은 뒤 시인과 독자만 공유하는 맥락 속에서 새로운 분위기의 시로 다시 쓰이는 시 쓰기는 둘만의 놀이자 문화이고, 다른 차원의 시간에 존재하는 다른 버전의 같은 존재의 평행우주처럼 텍스트를 고정하지 않는 글쓰기다.

무명의 존재nobody지만 자기 스스로와 창작 자체의 존재만큼은 오롯이 지켜냈던 단단한 창작자 에밀리 디킨슨. 광장에서 큰 소리로 외치는 웅변이 아니어도 꼭 필요했던 틈새의 언어. 골방에서 다친 상처를 내보이며 깔깔댈 수 있는 속삭임. 고양이의 오후. 개의 산책. 뱀과의 조우. 산책길에 옷깃에 묻혀 온 우엉 가

시. 그리고 너에게 갈 수 없는 거친 밤들. 세상의 모든 위대한 진리를 에밀리 디킨슨이 들려주지는 않아도, 디킨슨에게는 괜찮은 얘기들이 참 많다. 그리고 다른 이들이 볼 때는 제도와 체제에 순응한 숙녀였을지 몰라도 디킨슨의 발칙한 상상에 공감하고 동참한, 애틋했던 친구이고 가족이고 애인이었던 독자 수잔.

내가 에밀리여도 괜찮고 내가 수잔이어도 괜찮겠다. 그리고 누군가의 수잔이길, 누군가의 에밀리이길 소망해도 괜찮지 않을까? 지금까지 파시클의 자매이면서 친구이고 연인이고 독자가 되어준 많은 이들이 생각났다. 이번 작업은 이들에게 보내는 나의 감사와 응원이기도 하다.

에밀리 디킨슨에 대한 몇 가지

- 1830년 12월 10일, 매사추세츠주 애머스트에서 에밀리 디킨슨은 아버지 에드워드 디킨슨과 어머니 에밀리 노크로스 디킨슨의 2남 1녀 중 둘째로 출생.
- 1840년(9세), 애머스트 아카데미 수학 시작. 7년간 수학했으나 아파서 자주 결석했다.
- 1847년 8월 10일(16세), 마운트 홀리요크 여성 신학교 입학. 이 학교에서는 학생들을 일종의 신앙고백에 따라 구분했는데, 디킨슨은 '소망을 표현하지 않은' 학생이었다.
- 1848년 3월 25일(17세), 대학 진학 후 1년을 못 채우고 학교를 그만두고 애머스트로 돌아옴. 그만둔 이유는 확실하지 않은데, 건강 때문일 수도 있고, 본인이나 부모가 학교(교육 방침)를 좋아하지 않았기 때문일 수도 있다.
- 1851년(20세), 또래 친척과 친구들이 결핵으로 사망했고, 디킨슨도 결핵 증세를 보였다. 2월, 디킨슨의 평생 친구이자 최고의 독자가 될 수잔 헌팅턴 길버트에게 처음 편지 보냄. 수잔은 디킨슨으로부터 250편이 넘는 시를 받았다고 전해진다.
- 1852년 2월(21세), 지역신문인 『스프링필드 *The Springfield Daily Republican*』에 디킨슨의 시 "Sic transit gloria mundi(이 세상의 영화는 이처럼 사라져간다), 『나의 꽃은 가깝고 낯설다』, 19—25)"가 작자불명의 "발렌타인 A Valentine"이라는 제목으로 실림. 앞서 1850년 애머스트 대학의 『인디케이터 *Indicator*』에 역시 발렌타인 기념 편지로 디킨슨의 시가 실렸다고 한다. 한편, 현재 남아있는 디킨슨의 첫 시는 1850년 아버지의 법률 파트너 엘드리지 보도인에게 보낸 편지에 동봉한 발렌타인 기념 시이다.
- 1855년(24세), 워싱턴 DC 방문. 생애 처음이자 평생 유일한 고향 밖 여행이었다. 어머니와 여동생과 함께 상원의원이던 아버지와 함께 3주를 보냈고, 이후에는 필라델피아 친척집에서 지냈다. 돌아온 뒤 어머니는 병석에 누웠다. 디킨슨은 병상에 누워 지냈던 어머니를 30년간 간호했다. 어머니는 여러 만성 질병으로 고생했는데, 디킨슨은 어머니 곁을 지키며 집안일을 책임져야 했

기 때문에 장시간 홈스테드 바깥 외출이 어려웠고 다른 지방으로 가는 여행이 힘들었던 것으로 보인다. 대신 책과 주변 자연과 함께하는 시간이 계속되었을 것이다.

- 1856년(25세), 디킨슨의 오빠 윌리엄 오스틴 디킨슨과 수잔 길버트 결혼. 오스틴은 4년간 구애하여 수잔과 결혼했으나 두 사람이 행복했던 것 같지는 않다. 두 사람은 디킨슨 가의 저택 홈스테드 서편에 지은 에버그린스에 살았다.
- 1858년(27세), 시를 정서하여 보관하기 시작. 몇 편은 친구 사무엘 보울즈가 편집자로 있던 『스프링필드 *The Springfield Daily Republican*』에 실림.
- 외출이 점점 줄고 바깥세상과의 교류가 뜸해졌지만 1858년 여름부터 디킨슨은 이전부터 써 왔던 시를 다시 검토하여 깨끗한 새 종이에 정서하여 정리하기 시작한다. 이렇게 시를 쓴 종이들을 모아 묶어 손제본한 필사본을 만들게 된다. 후대 편집자와 연구자들이 파시클fascicles이라 부른 40권의 필사본은 1858년에서 1865년까지 만들어졌으며 거의 800편의 시들이 정리되어 있다. 파시클의 존재는 디킨슨 생전에는 아무도 몰랐고 디킨슨이 사망한 후에야 발견되었다.
- 1860년대 초반 시인의 은둔과 고립은 더욱 심해진다.
- 1861년~1865년(30-34세), 남북전쟁.
"전쟁이 시작된 이래, 슬픔은 더 이상 몇몇 개인의 사유재산이 아니라 과거보다 더 일반적이 된 것 같아. 그리고 누군가의 고통이 고통을 지닌 다른 누군가에게 도움이 된다면, 지금 약이 많아졌을 거야." (디킨슨의 편지 중에서)
- 1862년(31세), 문학 비평가이자 노예제 폐지론자인 토마스 웬트워스 히긴슨과 서신 교류하기 시작. 자신의 시가 '살아있는지' 물어보며 시에 대한 평을 부탁한다.
- 1863년 4월(32세), 눈 질환이 악화되어, 12월까지 보스턴에서 8개월간 치료받음. 이 기간 사촌인 루이자와 프랜시스 노크로스의 집에서 지냈다. 이후에도 계속 눈에 통증이 있고 빛에 예민해서 1865년에도 치료를 받았다.
- 1864년(33세), 남북전쟁 북군 병사들의 의료비 마련을 위한 모금을 위해 『드럼 비트*Drum Beat*』라는 잡지에 기고, 3편의 시가 시가 익명으로 실림. 『브루클린 데일리 유니언*the*

Brooklyn Daily Union』에도 몇 편이 실림.
- 1866년 1월 27일(35세), 에밀리 디킨슨의 반려견 카를로 사망.
- 1867년(36세), 고립 시작. 이때부터 사교생활을 일부러 피했고, 외부인과는 직접 대면하지 않고 문을 사이에 두고 소통했다. 반면 가장 왕성하게 시를 쓰는 시기이기도 하며, 친한 지인이나 친구들과는 그 어느 때보다 편지로 매우 활발하게 소통하였다.
- 1869년(38세), 집안일을 도와줄 마거릿 마허 채용. 마거릿은 30년 동안 디킨슨 가에서 지내게 된다.
- 1870년(39세), 8년간의 서신으로만 소통했던 히긴슨과 처음 만난다. 원추리꽃 두 송이를 건네며 "이것이 제 소개입니다"라고 했다고 한다.
- 1874년(43세), 아버지 사망. 에드워드 디킨슨은 보스턴에서 뇌졸중으로 71세에 사망하여, 애머스트에 묻혔다. 디킨슨은 아버지의 장례식에 참석하지 않고, 대신 위층 자기 방에서 예식을 듣고 있었다고 한다.
- 1875년(44세), 어머니가 뇌졸중으로 부분 측면 마비를 앓게 됨. 다음 해, 넘어져 엉덩이 골절상을 입고 이후 세상을 떠날 때까지 병상에 누워 지내게 된다. 에밀리는 동생 라비니아와 함께 어머니를 돌봤다.
- 1878년(47세), 히긴슨의 소개로 디킨슨과 알게 된 헬렌 헌트 잭슨이 편집한 『시인의 가면 *A Masque of Poet*』에 작자불명으로 디킨슨의 시 "성공을 가장 달콤하게 여기는 이는 Success is counted sweetest"이 실린다. 히긴슨은 당시 저명한 작가였고 에밀리 디킨슨과 어린 시절 같은 학교에 다녔던 헬렌 헌트 잭슨에게 디킨슨의 시를 보여주었다고 한다.
- 1882년 11월 14일(51세), 어머니 사망.
- 1883년(52세), 조카 길버트, 장티푸스로 사망. 길버트는 디킨슨이 가장 사랑했던 조카였다.
- 1884년(53세), 오티스 필립스 판사 사망. 오티스 판사는 1879년대 후반부터 디킨슨과 계속 편지를 주고받았다.
- 1885년(54세), 헬렌 헌트 잭슨 사망
- 1886년 5월 15일(55세), 에밀리 디킨슨 사망. 디킨슨은 오늘날 신장염으로 추정하는 브라이트 병으로 사망한다. 버터컵 꽃밭

을 가로질러 운구하여 홈스테드라 불리었던 디킨슨 저택 뒤편 웨스트 묘지에 묻혔다.
- 1890년, 에밀리 디킨슨의 첫 시집 『에밀리 디킨슨의 시*Poems by Emily Dickinson*』 출간. 히긴슨과 함께 오빠 오스틴 디킨슨의 친한 친구였던 메이블 루미스 토드가 편집했다.
- 1914년, 에밀리 디킨슨의 조카이며 수잔 디킨슨의 딸인 마사 디킨슨 비안키가 편집한 디킨슨의 시집 『한 명의 사냥개: 평생의 시*The Single Hound: Poems Of A Lifetime*』 출간. 수잔 디킨슨이 갖고 있던 디킨슨의 시들로 구성되었다.

참고 문헌

마타 맥다월, 『에밀리 디킨슨, 시인의 정원』, 박혜란 옮김, 시금치, 2021
Richard B. Sewall, *The Life of Emily Dickinson*, Harvard University Press, 1998
Cristanne Miller, Karen Sánchez-Eppler (Ed.), *The Oxford Handbook of Emily Dickinson*, Oxford University Press, 2022

참고 웹사이트
https://www.poetryfoundation.org/poets/emily-dickinson
https://www.emilydickinsonmuseum.org/

시 원문 찾아보기 (알파벳 순)

"Nature" is what we see — 124
A Death blow — is a Life blow — to Some — 180
A Mine there is no Man would own 90
A poor — torn Heart — a tattered heart 186
A prompt — executive Bird is the Jay — 172
A slash of Blue — 76
A Spider sewed 160
A throe opon the features — 106
Ah, Teneriffe! 122
Ambition cannot find him! 104
As watchers hang opon the East 112
Best Witchcraft 162
Come with me this morning to the church within our hearts 22
Defeat — whets Victory — they say — 86
Distance — is not the Realm of Fox 116
Essential Oils are wrung — 18
Except the smaller size 84
Except to Heaven — she is nought 150
Given in Marriage unto Thee 12
Gratitude — is not the mention 66
Has All — a Codicil? 194
Her breast is fit for pearls 44
Her Grace is all she has 140
I could not drink it, Sue 48
I have a Bird in spring 94
I often passed the Village 32
I showed her Hights 138

I think that the root of the Wind is Water	184
Is it true, dear Sue?	52
Just lost, when I was saved!	46
Least Bee that Brew —	130
Lest any doubt	166
Like some Old fashioned Miracle	152
Low at my problem bending —	110
Morns like these — we parted	178
My Wheel is in the dark.	102
No Romance sold unto	126
Of Death the sharpest function	192
Of the Heart that goes in, and closes the Door	68
On this wondrous sea	60
One Sister have I in our house —	36
Our own possessions —	174
Remember the hint, Susie!	62
Safe in their Alabaster Chambers	70
Savior! I've no one else to tell —	26
Show me Eternity, and I will show you Memory —	42
So set it's Sun in Thee	134
Susan's Idolater keeps	156
The Crickets sang	146
The Definition of Beauty, is	144
The difference between Despair	118
The face I carry with me — last —	50
The Frost of Death was on the Pane —	158
The Future never spoke —	82

The Heaven vests for Each	34
The Love a Child can show — below —	20
The missing all — prevented me	64
The murmuring of Bees, has ceased	92
The overtakelessness of those	128
The rat is the concisest tenant	80
The Soul should always stand ajar	28
The Soul that hath a Guest	24
The Soul unto itself	120
The Wind begun to knead the Grass	164
There came a day — at Summer's full —	14
There is another Loneliness	88
This Consciousness that is aware	188
Thro' lane it lay — thro' bramble —	98
To be alive — is power —	132
To miss you, Sue, is power	54
To own a Susan of my own	40
To see you	170
Trust is better	168
Two Lengths has every Day —	182
We pass — and she — abides —	142
When I hoped, I feared —	190
Who never lost, are unprepared	108

수 — 영원해!
Sue — Forevermore!

초판 1쇄 2024년 11월 18일 펴냄

지은이	에밀리 디킨슨
고른이	박혜란
옮긴이	박혜란
편집	희음 박혜란
디자인	들토끼들
펴낸이	박혜란
펴낸 곳	파시클 출판사
등록	2016년 10월 25일 제 2017—000153호
주소	경기도 고양시 일산동구 탄중로 398, 809동 701호
인쇄	상지사
ISBN	979-11-972356-9

beonfascicles@naver.com
https://www.facebook.com/fascicles
https://www.instagram.com/fascicles_seoul

이 책의 판권은 파시클 출판사에 있습니다.
출판사의 동의없는 무단 전제 및 복제를 금합니다.